DANOS CAUSADOS POR MEDICAMENTOS

ENQUADRAMENTO JURÍDICO À LUZ DO ORDENAMENTO EUROPEU

DANOS CAUSADOS POR MEDICAMENTOS

ENQUADRAMENTO JURÍDICO À LUZ DO ORDENAMENTO EUROPEU

2018

Vera Lúcia Raposo

ALMEDINA

DANOS CAUSADOS POR MEDICAMENTOS
ENQUADRAMENTO JURÍDICO À LUZ
DO ORDENAMENTO EUROPEU
AUTOR
Vera Lúcia Raposo

EDITOR
EDIÇÕES ALMEDINA, S.A.
Rua Fernandes Tomás, nºs 76-80
3000-167 Coimbra
Tel.: 239 851 904 · Fax: 239 851 901
www.almedina.net · editora@almedina.net

DESIGN DE CAPA
FBA.

PRÉ-IMPRESSÃO
EDIÇÕES ALMEDINA, SA

IMPRESSÃO E ACABAMENTO
Vasp - DPS

Novembro, 2018

DEPÓSITO LEGAL
448453/18

ALMEDINA | GRUPOALMEDINA

BIBLIOTECA NACIONAL DE PORTUGAL – CATALOGAÇÃO NA PUBLICAÇÃO

RAPOSO, Vera Lúcia

Danos causados por medicamentos : enquadramento
jurídico à luz do ordenamento europeu
ISBN 978-972-40-7711-6

CDU 347

BREVE NOTA INTRODUTÓRIA

A ideia de preparar um breve estudo sobre danos causados por medicamentos partiu da constatação de que estamos perante produtos especialmente perigosos, que inevitavelmente arrastam consigo perigos vários, incluindo sequelas gravíssimas e mesmo a morte. Mas, por outro lado, são igualmente produtos indispensáveis para a nossa saúde e bem-estar, inclusivamente para a manutenção da vida, o que leva à constante exigências de mais – em maior quantidade, mas também mais inovadores – medicamentos.

Estas duas constatações conduzem-nos a uma conclusão aparentemente contraditória: se por um lado a produção de medicamentos e o mercado farmacêutico devem ser rigidamente controlados, impondo ao produtor uma responsabilidade particularmente exigente pelos danos causados; por outro lado, esse controlo não se pode tornar tão rígido que acabe por bloquear a pesquisa e o investimento em novas substâncias farmacêuticas e impeça o fluxo de medicamentos inovadores ao mercado.

O presente estudo destina-se precisamente a abordar o enquadramento jurídico dos danos causados por medicamentos ou, de alguma outra forma, a estes ligados. Não tratará apenas dos danos causados pelo medicamento como produto defeituoso, mas igualmente dos danos resultantes de reacções adversas que não sejam considerados defeitos, e ainda dos danos advindos da ausência de medicamentos no mercado e das possíveis formas de colmatar estas lacunas de comercialização.

Particular relevo será conferido às responsabilidades daqui decorrentes. Em primeira linha a responsabilidade do produtor, que aqui é a empresa farmacêutica, sobretudo à luz do regime europeu de responsabilidade objectiva do produtor, plasmado na Directiva 85/374/CEE. A referida Directiva foi transposta para a ordem jurídica portuguesa, mediante um regime legal que segue muito de perto (embora não coincida inteiramente) as normas da Directiva: o Decreto-Lei nº 383/89, de 6 de Novembro, sobre Responsabilidade Decorrente de Produtos Defeituosos. Porém, o estudo irá centrar-se nas normas da própria Directiva e na forma como esta é interpretada e aplicada pelas instâncias europeias e pelos órgãos dos Estados-membros, e não tanto no regime interno nacional. A razão desta opção prende-se com o facto de a matéria dos danos causados por medicamentos estar pouco explorada na nossa doutrina e jurisprudência, pelo que boa parte das referências e análises neste campo se reportam a outras jurisdições, onde esta matéria tem sido objecto de maior litigância e, por conseguinte, de um estudo mais aprofundado. Para além do plano europeu ter-se-á igualmente em conta o regime norte-americano, inclusivamente para efeitos comparatísticos.

Contudo, e não obstante a questão da responsabilidade do produtor ocupar parte substancial deste estudo, sentimo-nos na necessidade de abordar outras questões, antes e depois desta. Com efeito, a protecção do consumidor-paciente não se deve processar apenas por via de uma compensação atribuída após a ocorrência do dano, mas essencialmente por via da prevenção de danos. Neste sentido, os processos de pesquisa e desenvolvimento de medicamentos, sua aprovação e monitorização dos efeitos dos mesmos na prática clínica revelam-se essenciais para a protecção dos utilizadores de medicamentos. Por este motivo, tais temas – *Research and Development*, atribuição de Autorizações de Introdução no Mercado e farmacovigilância – são igualmente tratados no presente estudo. Da mesma forma, e com vista a uma abordagem mais abrangente da protecção do consumidor-paciente, serão igualmente analisados as eventuais responsabilidades legais de outros intervenientes no processo de uso do medicamento: o médico (em particular no caso de prescrição off-label) e o farmacêutico.

A parte I iniciará com uma exposição sobre o conceito de medicamento e sobre os principais riscos associados a este tipo específico de produtos, focando os mais mediáticos casos que traçaram o sinuoso percurso da produção farmacêutica.

A parte II tratará do processo de criação e aprovação de novos medicamentos, explicando qual o tipo de avaliação que preside à autorização da sua entrada no mercado por parte das entidades competentes e como poderia eventualmente tal processo ser reformulado.

A parte III centrar-se-á na farmacovigilância e na sua função de identificação de reacções adversas, sublinhando as virtualidades de uma farmacovigilância abrangente e rigorosa como mecanismo de protecção dos consumidores-pacientes.

Na parte IV analisaremos as consequências derivadas da qualificação de um medicamento como produto defeituoso, nomeadamente à luz da já referida Directiva 85/374/CEE e do seu regime da responsabilidade objectiva do produtor. Trata-se de analisar os tipos de defeitos englobados pela Directiva 85/374/CEE e de que forma esses são aplicados ao produto "medicamento".

A parte V focar-se-á igualmente na responsabilidade da entidade que permitiu a entrada do medicamento no mercado, do médico prescritor, do farmacêutico que disponibilizou o medicamento e até mesmo do próprio consumidor-paciente. Certamente que outras responsabilidades – de outros intervenientes – poderiam ser tratadas, tais como a do legislador por não ter criado leis mais exigentes (ou mais flexíveis), do distribuidor de medicamentos ou dos fabricantes de medicamentos contrafeitos. Contudo, por questões de praticabilidade o estudo foi limitado às referidas esferas de responsabilidade.

A parte VI abordará a questão dos nanomedicamentos, especialmente os riscos que encerram e a forma de os controlar.

A parte VII trata da prescrição off-label, explicando o conceito, as suas causas e consequências em termos de responsabilidade pelos danos causados, eventuais ameaças para a saúde dos pacientes e para a saúde pública e medidas de controlo desta prática. Especial atenção será dada à chamada prescrição off-label fundada em razões financeiras.

Finalmente, na parte VIII exporemos as conclusões preliminares deste estudo.

O objectivo é abordar as diferentes dimensões do complexo mundo dos medicamentos, procurando encontrar uma forma de garantir a máxima protecção para o consumidor-paciente sem com isso impedir o constante fluxo de novos medicamentos.

Não se trata obviamente de um trabalho de profusa investigação doutrinal, mas de uma abordagem mais prática sobre os vários aspectos da protecção a dispensar ao consumidor-paciente face a danos provocados por medicamentos e respectivas questões paralelas. No final pousaremos a caneta na esperança de que este singelo estudo seja de alguma utilidade.

VERA LÚCIA RAPOSO

PREFÁCIO

A doutrina portuguesa sobre a regulação do medicamento tem sido um deserto. Mas um deserto em que vive muita gente: doentes, médicos, advogados, juízes, prestadores de serviços de saúde, reguladores, gente da indústria farmacêutica e da administração pública. Todas estas pessoas e entidades, quando se veem a braços com uma questão emergente dessa enorme massa jurídica que é a regulação do medicamento, têm pouco onde se informar – e menos ainda onde encontrar pistas de reflexão e de composição dos tantos e tão relevantes valores e interesses que se cruzam nesta área do Direito. Só este estado de coisas tornaria a obra da Prof. Doutora Vera Lúcia Raposo um caso de mérito. Lendo-a, porém, logo se percebe que os méritos vão bem além de preencher uma lacuna.

Escrevendo o prefácio, que se destina a ser lido antes da obra, com a vantagem de já ter beneficiado dessa leitura, posso aliás afirmar que o título é enganador. Na verdade, bem mais do que um estudo circunscrito ao tema dos 'danos causados por medicamentos', este livro constitui uma notável visita guiada a muitos dos hot topics do Direito do Medicamento. São, neste sentido, particularmente iluminadas as páginas sobre a problemática do off label, nas diferentes dimensões jurídicas – e até práticas – que suscita e trata. E trata de uma forma equilibrada e ligada à terra, lidando com cuidado extremo esse ato hoje corajoso e generoso que é a prescrição off label.

Além disso, muito longe de uma mera visão descritiva das normas aplicáveis, este estudo identifica os mais profundos dilemas desta área do Direito e da regulação, e problematiza com seriedade e com serenidade, sem a pressa ajurídica de encontrar logo soluções prontas para tudo e para todos.

Outra coisa não se esperaria da Autora. A Prof. Doutora Vera Lúcia Raposo tem, de facto, esse gosto de partilhar com todos, e de uma forma acessível a todos, não só um bom manancial de informação jurídica, mas também um conjunto de reflexões e de indagações jurídicas profundas e pensadas, que o seu saber acumula e o seu espírito pondera e trabalha. É o que se espera de um académico sério – que é o que ela é.

Agradeço muito à minha amiga Vera Lúcia o honroso convite para escrever este prefácio. E agradeço-lhe também antecipadamente o enorme proveito que, na minha vida profissional, tirarei da leitura deste oportuníssimo e utilíssimo estudo.

Lisboa, Setembro de 2018

PAULO PINHEIRO

LISTA DE ABREVIATURAS

AIM	– Autorização de Introdução no Mercado
ANSM	– Agence Nationale de Sécurité du Médicament et des Produits de Santé
ATU	– Autorisation Temporaire d'Utilisation
BVerfG	– Bundesverfassungsgericht
BSG	– Bundessozialgericht
CC	– Código Civil português
CDFUE	– Carta de Direitos Fundamentais da União Europeia
CE	– Comunidade Europeia
CEE	– Comunidade Económica Europeia
CPA	– Consumer Protection Act 1987
CSP	– Code de la Santé Publique
EMA	– Agência Europeia de Medicamentos
DMI	– Degeneração macular da idade
Directiva 85/374	– Directiva 85/374/CEE, do Conselho, de 25 de Julho de 1985, relativa à aproximação das disposições legislativas, regulamentares e administrativas dos Estados-Membros em matéria de responsabilidade decorrente dos produtos defeituosos
Directiva 89/105	– Directiva 89/105/CEE do Conselho de 21 de Dezembro de 1988 relativa à transparência das medidas que regulamentam a formação do preço das especialidades farmacêuticas

para uso humano e a sua inclusão nos sistemas nacionais de seguro de saúde

Directiva 2001/82 – Directiva 2001/82/CE, do Parlamento Europeu e do Conselho, de 6 de Novembro de 2001, que estabelece um código comunitário relativo aos medicamentos veterinários

Directiva 2001/83 – Directiva 2001/83/CE, do Parlamento Europeu e do Conselho, de 6 de Novembro de 2001, que estabelece um código comunitário relativo aos medicamentos para uso humano

Directiva 2010/84 – Directiva 2010/84/UE, do Parlamento Europeu e do Conselho de 15 de Dezembro de 2010 que altera, no que diz respeito à farmacovigilância, a Directiva 2001/83/CE que estabelece um código comunitário relativo aos medicamentos para uso humano

FDA – Food and Drugs Administration

HTA – Health technology assessment

Nn – nanómetro

NICE – National Institute for Health and Care Excellence

OMS – Organização Mundial da Saúde

PGR – Plano de gestão de risco

RCM – Resumo das Características do Medicamento

R&D – Research and Development

Regulamento 141/2000 – Regulamento (CE) n.º 141/2000 do Parlamento Europeu e do Conselho de 16 de Dezembro de 1999 relativo aos medicamentos órfãos

Regulamento 726/2004 – Regulamento (CE) n.º 726/2004, do Parlamento Europeu e do Conselho de 31 de Março de 2004 que estabelece procedimentos comunitários de autorização e de fiscalização de medicamentos para uso humano e veterinário e que institui uma Agência Europeia de Medicamentos

RTU – Recommandation Temporaire d'Utilisation

TA – Tratado de Amsterdão
TCE – Tratado da Comunidade Europeia
TEDH – Tribunal Europeu dos Direitos do Homem
TFUE – Tratado de Funcionamento da União Europeia
TJUE – Tribunal de Justiça da União Europeia
UE – União Europeia

Parte I
Medicamentos, risco e segurança

Capítulo 1
O complexo mundo dos medicamentos

1.1. A definição do conceito de medicamento

A primeira grande questão que se coloca no que respeita à matéria dos danos provocados (ou aparentemente provocados) por medicamentos prende-se com a própria definição deste conceito. A resposta a esta questão no quadro europeu passa necessariamente pela Directiva 2001/83/CE (Directiva 2001/83)[1], núcleo basilar do regime aplicável aos produtos farmacêuticos na União Europeia (UE), complementada pelo Regulamento (CE) nº 726/2004 (Regulamento 726/2004)[2]. É dela que resulta a definição de medicamente corrente no espaço europeu, especialmente para efeitos regulamentários. Diz-nos a Directiva 2001/83 que medicamento é "[t]oda a substância ou composição apresentada como possuindo propriedades curativas ou preventivas relativas a doenças humanas. A substância ou composição que possa ser administrada ao homem, com vista a estabelecer um diagnóstico médico ou

[1] Directiva 2001/83/CE do Parlamento Europeu e do Conselho, de 6 de Novembro de 2001, que estabelece um código comunitário relativo aos medicamentos para uso humano.

[2] Regulamento (CE) nº 726/2004 do Parlamento Europeu e do Conselho de 31 de Março de 2004 que estabelece procedimentos comunitários de autorização e de fiscalização de medicamentos para uso humano e veterinário e que institui uma Agência Europeia de Medicamentos.

a restaurar, corrigir ou modificar as funções fisiológicas no homem, é igualmente considerada como medicamento" (artigo 1/2)[3].

Porém, persistem muitas zonas cinzentas.

Por exemplo, o artigo 2 da referida Directiva estipula que "[a]s disposições da presente directiva aplicam-se aos medicamentos para uso humano produzidos industrialmente e destinados a serem introduzidos no mercado dos Estados-Membros", sem no entanto definir o que se entende por "industrialmente" ou por "processo industrial" para este efeito.

No acórdão *Abcur*[4] o Tribunal de Justiça da União Europeia (TJUE[5]) esclareceu que se deverá tratar de "preparação ou fabrico em que intervenha um processo industrial" e que "[t]al processo caracteriza-se, em geral, por uma sucessão de operações, que podem, designadamente, ser mecânicas ou químicas, a fim de obter um produto normalizado, em quantidades significativas". Acrescentou ainda que "a produção normalizada de quantidades significativas de um medicamento com vista ao seu armazenamento e à venda por grosso assim como a produção, em grande escala ou em série, de fórmulas magistrais em lotes são características de uma preparação industrial ou de uma produção em cujo fabrico intervém um processo industrial". Assim, no caso de um laboratório farmacêutico que produzia produtos em larga escala, o TJUE decidiu que se tratava de medicamentos abrangidos pela Directiva 2001/83.

Em contrapartida, no acórdão *Hecht-Pharma*[6] o TJUE deparou-se com produtos resultantes de uma actividade artesanal individual, sendo que entre os produtos excluídos do âmbito de aplicação da Directiva 2001/83 contam-se, segundo o respectivo artigo 3, ponto 1, os "medica-

[3] Quanto à definição de medicamento no direito interno veja-se o artigo 3/1/dd do Estatuto do Medicamento, o Decreto-Lei nº 176/2006, de 30 de Agosto (Regime Jurídico dos Medicamentos de Uso Humano), que considera medicamento "toda a substância ou associação de substâncias apresentada como possuindo propriedades curativas ou preventivas de doenças em seres humanos ou dos seus sintomas ou que possa ser utilizada ou administrada no ser humano com vista a estabelecer um diagnóstico médico ou, exercendo uma acção farmacológica, imunológica ou metabólica, a restaurar, corrigir ou modificar funções fisiológicas".

[4] Acórdão de 16 de Julho de 2015, *Abcur*, C-544/13 e C-545/13, EU:C:2015:481.

[5] O texto utilizará esta designação também para se referir a casos julgados quando o tribunal se designava Tribunal de Justiça das Comunidades Europeias.

[6] Acórdão de 26 de Outubro de 2016, *Hecht-Pharma*, C-276/15, ECLI:EU:C:2016:801.

mentos preparados numa farmácia segundo receita médica destinada a um doente específico (denominados em geral «fórmula magistral»)."

Como se conclui, embora a definição fornecida pela Directiva 2001/83 se revele em alguns aspectos ambígua, a jurisprudência do TJUE tem contribuído mediante a sua jurisprudência (os acórdãos citados são apenas alguns exemplos disso) para a clarificação do conceito de medicamento presente no regime europeu de produtos farmacêuticos.

1.2. Os medicamentos como produtos *sui generis*

Os medicamentos não são produtos de consumo como quaisquer outros. Várias são as notas distintivas que os diferenciam dos demais. Por um lado, e ao invés do que sucede com os restantes produtos, aqui os consumidores (os pacientes) não dispõem de inteiro poder de escolha quanto aos medicamentos a consumir ou a quando os consumir[7]. Por outro lado, e relacionado com o ponto anterior, porque são produtos intimamente ligados à satisfação de um direito fundamental básico, o direito à saúde. Deve igualmente ser tido em conta que não obstante os medicamentos terem como principal função tratar e/ou aliviar a dor, e inclusivamente salvar vidas, podem na verdade revelar-se extremamente perigosos para o seu utilizador e em última instância conduzir à morte[8]. Na verdade, pode até afirmar-se que não existe medicamento que seja absolutamente inócuo[9]. Por outro lado ainda, e no seguimento das características anteriormente apontadas, porque se trata de um sector fortemente regulamentado, seja a nível nacional seja a nível internacional.

No caso dos países europeus a regulamentação provém quase na íntegra da União Europeia (UE). Nesta matéria o direito europeu pretende uma uniformização mais coesa do que em vários outros domínios. Por força da estrita regulamentação imposta pela UE nenhum medicamento pode ser comercializado sem uma prévia avaliação e autorização

[7] Fazendo notar esta especificidade, Rägo & Santoso, 2008: 66.

[8] Sobre este paradoxo, Green, 1999: 211.

[9] Esta referência ao perigo intrínseco dos medicamentos encontra-se, desde logo, no léxico usado para se lhe referir. A palavra "fármaco" deriva do grego "*pharmakon*", que designa quer um remédio quer um veneno. O mesmo sucede com a língua inglesa, onde a palavra "*drug*" se usa para medicamentos e para drogas.

– a chamada autorização de introdução no mercado (AIM)[10] – por parte da autoridade competente. Aliás, toda a existência do medicamento é estritamente regulada por lei, desde a sua criação (incluindo a realização de ensaios clínicos), até ao seu fabrico, comercialização, pagamento e reembolso[11], distribuição e publicidade. A parte de menor intervenção legislativa acaba por ser a prescrição medicamentosa, que por força do princípio da liberdade de prescrição terapêutica é deixada na livre apreciação do médico[12]. Em suma, o sector dos medicamentos é um dos mais fortemente regulamentados, sobretudo no que respeita à sua produção e comercialização. Em contrapartida, o seu uso – isto é, a prescrição de medicamentos – é largamente deixada à decisão médica, com base no tradicional princípio da liberdade de prescrição terapêutica que cunha a actividade médica[13].

1.3. Os perigos incluídos nos medicamentos

A percepção de que os medicamentos (ou algo que se lhes assemelhava à data) podiam ter efeitos fatais é praticamente tão antiga quanto a sua própria existência e já o Código de Hammurabi, bem como alguns dos escritos de Hipócrates e Galeno, se referiam a esta ideia[14].

Se por um lado os medicamentos são produtos especialmente perigosos, por outro lado são igualmente produtos que podem ser especialmente benéficos para o consumidor, melhorando substancialmente a sua qualidade de vida ou até mesmo evitando a sua morte. Enquanto a primeira constatação milita a favor do agravamento da responsabilidade do produtor de medicamentos, já a segunda dita que tal responsabili-

[10] Descrevendo o processo de obtenção de uma AIM no direito europeu, Feldschreiber, 2008; Feldschreiber & Breckenidge, 2008; Lisman & Schoonderbeek, 2006; Working Group of NSW Tag Inc, 2003.

[11] A dimensão financeira do medicamento é crucial, dado que em regra não é o consumidor (entenda-se, o paciente) a pagar o seu custo, ou, pelo menos, não paga o seu custo total. O Estado chama a si boa parte do custo dos medicamentos, o que implica uma prévia análise risco-benefício e a subsequente promoção de políticas de uso racional de medicamentos e de promoção de genéricos, como forma de reduzir os custos nas políticas estaduais da saúde.

[12] Veja-se o artigo 142º do Código Deontológico da Ordem dos Médicos portuguesa, que estabelece a livre apreciação, por parte do médico, de qual seja o melhor tratamento para o doente, de acordo com o melhor interesse deste último.

[13] Gordon, 2013 e Rich, 1982: 252-257.

[14] Romão, 2016.

dade seja aligeirada, sob pena de se impedir o avanço da indústria farmacêutica e o acesso a novos medicamentos, que tantos benefícios podem trazer em termos de saúde pública[15].

Como referido, a avaliação do risco depende do benefício esperado. Caso o benefício consista na preservação da vida quando esta é ameaçada obviamente que o risco que se aceita correr será maior do que quando o beneficio esperado é de menor importância.

Ao contrário do que sucede com outros produtos, no caso dos medicamentos a segurança não pode ser descrita como a total ausência de risco, uma vez que tal é impossível de suceder. Ao invés, um medicamento considera-se seguro quando os riscos são toleráveis, a partir de uma análise que tenha igualmente em conta os benefícios esperados e as alternativas terapêuticas existentes[16].

Daqui se depreende que um medicamento nunca é absolutamente seguro, mas apenas razoavelmente seguro.

Um dos mais gritantes *case studies* sobre os perigos dos medicamentos reporta-se à Talidomida[17], um medicamente patenteado pela farmacêutica Grunenthal nos anos 50 do século passado. Embora originariamente tenha sido criado como antídoto contra o gás venenoso, acabou por ser comercializado em 1957 essencialmente para combater os enjoos da gravidez. Rapidamente o produto chegou a toda a Europa e mesmo a outras zonas do globo (curiosamente, nunca foi comercializado nos EUA).

Contudo, alguns anos mais tarde estabeleceu-se uma relação entre a toma deste medicamento e o nascimento de crianças com várias e graves deformações congénitas, sobretudo focomélia, ou seja, a ausência de membros, pelo que eventualmente o produto foi retirado do mercado. Porém, certo é que entre 1957 e 1961 (data da retirada do medicamento) mais de 10 mil crianças em 46 países diferentes nasceram com estas graves anomalias.

Porém, estes não são apenas episódios do passado e mesmo nos dias de hoje existem vários relatos de reacções adversas graves a medicamentos, não detectadas (ou não divulgadas) pela empresa farmacêutica.

[15] Há quem fale a este respeito de um "safe harbour" para produtores de medicamentos (Dweck, 2014: 426).

[16] Neres & Ferreira, 2015

[17] Sobre este *case study* veja-se Lachmann, 2012.

Por exemplo, há alguns anos atrás a sensação do mercado farmacêutica era o medicamento Vioxx, um produto comercializado pela farmacêutica Merck que poderia tratar praticamente tudo, desde dor causada pela artrite até cólicas menstruais. No entanto, quando vários pacientes começaram a sofrer ataques cardíacos, tendo alguns episódios conduzido à morte, a comunidade científica percebeu que alguma coisa estava errada e o medicamento foi finalmente retirado em 2004[18]. De acordo com um estudo realizado em 2004 pelo Dr. David J. Graham, o analgésico Vioxx pode ter contribuído para cerca de 28 mil ataques cardíacos e óbitos entre 1999 e 2003. Este estudo concluiu igualmente que as pessoas que tomavam Vioxx eram mais propensas a ter ataques cardíacos ou a morrer por paragem cardíaca súbita do que as pessoas que tomaram um medicamento concorrente[19].

[18] Foi o maior retirada de medicamentos até esse momento, envolvendo produtos avaliados em 27 biliões de US dólares.

[19] Graham, 2004.
Mas a nota mais marcante desta história é a suspeita de que a empresa farmacêutica já conhecia o risco antes das primeiras mortes, eventualmente até mesmo antes da comercialização do produto (Curfman, Morrissey e Drazen, 2006).

Parte II
O processo de aprovação de medicamentos

Capítulo 2
O rigoroso processo de aprovação de um medicamento

Foram episódios como o da Talidomida que deram origem ao rigoroso processo de aprovação instituído hoje em dia com vista à obtenção da AIM, sem a qual o medicamento não pode, em princípio, ser utilizado[20].

Previamente ao momento de aprovação propriamente dito existe um longo e intenso trabalho de pesquisa por parte da empresa farmacêutica. No total o processo de desenvolvimento de um medicamento inovador dura entre cerca de 12 a 15 anos e requer um investimento financeiro de cerca de 2.56 biliões de dólares, de acordo com um estudo levado a cabo em 2013 pelo Tuffs Center e divulgado em 2014[21]. É claro que as empresas farmacêuticas só se aventuram a fazer este investimento quando tenham dados suficientes sobre o acesso ao mercado, a quota de mercado previsível, eventuais concorrentes no mercado, a regulação existente, a regulação esperada e o tipo de responsabilidades com que podem vir a lidar, o que por sua vez implica uma pesquisa

[20] Porém, há algumas excepções à regra da existência da AIM, tais como o uso compassivo (artigo 5(1) da Directiva 2001/83 e o artigo 83 do Regulamento 726/2004), a prescrição off-label (artigo 5(1) da Directiva 2001/83, por analogia) e o uso experimental em ensaios clínicos (Directiva 2001/20).

[21] Tuffs Center, 2014. Porém, na mesma data em que este estudo foi levado a cabo outros números apareceram na revista Forbes Herpder (2013), referindo a assombrosa quantia de 5 biliões de US dólares.

prévia sobre as possibilidades de sucesso (entenda-se, de lucro) do novo medicamento.

Tudo começa com vários anos de *Research and Development* (R&D) por parte da empresa farmacêutica com vista à criação de um produto que seja simultaneamente seguro e eficaz para o propósito a que se destina. O processo de R&D pode durar entre 10 e 15 anos e envolver um investimento superior a 1000 milhões de euros[22].

A fase de *Research* (descoberta) dura entre 3 a 6 anos e analisa a doença que será alvo da investigação e as moléculas que serão utilizadas no respectivo processo terapêutico. Ou seja, trata-se de descobrir qual a molécula, ou composto de moléculas, que poderá ser eficaz e seguro para aquele alvo terapêutico. Seguem-se estudos pré-clínicos em que o novo medicamento será testado primeiro em células e depois em animais, sendo que esta fase permite logo excluir variadas moléculas e compostos do processo de desenvolvimento (estima-se que de um total de 5000 a 10000 moléculas ou compostos apenas 250 chegarão à fase pré-clínica e somente 5 à etapa de desenvolvimento)[23].

Só depois de todos estes passos se inicia a fase de *Development* (desenvolvimento)[24], isto é, a realização de ensaios clínicos com participantes humanos. Os ensaios clínicos seguem um rigoroso protocolo desenhado pela empresa farmacêutica, no qual se decidem questões como quantos participantes terá o ensaio e mediante que critérios serão seleccionados, quanto tempo durará o ensaio e como serão recolhidos e analisados os dados. Esta etapa prologa-se entre 6 a 7 anos e processa-se por via das várias fases dos ensaios clínicos.

Na fase 1 o ensaio clinico realiza-se numa amostra de voluntários saudáveis, entre 10 a 100, em que durante um período de cerca de 1 ano e meio estes tomam o novo fármaco para testar a sua segurança e tolerância ao produto.

A fase 2 dos ensaios decorre no âmbito de uma amostra mais alargada de voluntários – 100 a 600 – arrasta-se por cerca de dois anos e visa determinar a dose e posologia mais adequadas do medicamento, com vista a determinar a sua segurança e eficácia.

[22] APIFARMA, 2013.
[23] APIFARMA, 2013.
[24] APIFARMA, 2013.

A fase 3 é a mais longa e complexa: decorre ao longo de aproximadamente 3 anos e pode envolver entre 1000 a 5000 voluntários. Destina-se a comparar o produto com um placebo ou com o melhor tratamento disponível no mercado, sendo nesta fase que se torna possível identificar alguns reacções adversas não identificáveis nas fases anteriores.

Só depois de o fármaco conseguir ultrapassar todas estas etapas é que será submetido à avaliação das autoridades competentes, com o objectivo de ser autorizada a sua comercialização, com base nos resultados dos ensaios clínicos submetidos pela empresa farmacêutica.

Já após a obtenção da AIM segue-se a fase IV dos ensaios clínicos. Esta decore no período pós-comercialização e destina-se a recolher mais informações sobre o medicamento, sobretudo no contexto da sua aplicação na prática clínica corrente, sendo que na verdade é nesta fase que se identificam a maior parte das reacções adversas.

Trata-se de um processo longo, economicamente custoso e arriscado, dado que não há garantia de que o investimento feito venha efectivamente a ter retorno. Os ensaios clínicos são a primeira grande barreira, sendo que de acordo com estudos realizados 95% de todos os medicamentos que começam a ser desenvolvidos nunca chegam ao mercado, nomeadamente porque falham nos ensaios clínicos[25]. A par deste, outros incidentes podem impedir o retorno financeiro da empresa farmacêutica: suponha-se que o medicamento não obtém a necessária AIM ou que, embora tenha sido autorizada a sua comercialização, o medicamento acaba por ser retirado do mercado devido a reacções adversas detectadas posteriormente.

O elevado nível de exigência que marca todo este procedimento deu azo a algumas consequências de relevo[26]. Por um lado, gerou na comunidade a (utópica) pretensão de que os medicamentos devidamente aprovados são produtos absolutamente seguros. Por outro lado, limitou o processo de criação de novos medicamento às maiores empresas farmacêuticas, uma vez que apenas estas são capazes de custear o processo de R&D e correr os inerentes riscos financeiros. Por outro lado ainda, atrasou substancialmente o aparecimento de novos produtos no mercado, com grave prejuízo para os pacientes que deles necessitam.

[25] DiMasi, Feldman, Seckler, et al., 2010.

[26] Cfr. Lachmann, 2012.

A isto acresce que nem todos concordam que o medicamento devidamente aprovado (isto é, portador da AIM) seja de facto o melhor em termos de segurança e eficácia. Por exemplo, já se têm advogado que o processo de licenciamento de medicamentos deveria simplesmente desaparecer, permitindo que qualquer empresa farmacêutica lance os seus produtos no mercado, cabendo a decisão sobre que medicamento usar aos profissionais de saúde, eventualmente em conjugação com o paciente[27].

Em meu entender, e sem prejuízo das limitações e fragilidades do processo de licenciamento de medicamentos (que exporei no capítulo seguinte), as suas vantagens excedem largamente os seus inconvenientes. De facto, sem a avaliação e filtragem levados a cabo no âmbito do processo de concessão da AIM, qualquer produto poderia ser prescrito. Ainda que os médicos, fundados nos conhecimentos adquiridos na sua prática clinica, viessem a excluir determinados medicamentos do uso corrente, certo é que tal só sucederia passado algum (eventualmente longo) tempo de comercialização do produto, sendo que até lá poderiam ter sido causados danos irreversíveis em vários pacientes.

Não se contesta que o procedimento de concessão de AIM actualmente instituído é demasiado pesado, lento e burocrático, afastando muitos medicamentos do mercado, seja porque atrasa a sua comercialização, seja porque de todo a impede, algumas vezes esquecendo os benefícios que tais medicamentos poderiam trazer. Mas atendendo aos danos potencialmente causados por certos produtos, tudo aconselha a ser cauteloso e não permitir a comercialização em caso de dúvida, ao invés de abrir a porta a todos os produtos e apenas os retirar do mercado quando o seu carácter lesivo efectivamente se comprove. Dito isto, certamente que o procedimento actual poderia ser mais ágil e flexível. Ou seja, a solução passa pela manutenção do procedimento de concessão de AIM, mas em moldes mais expeditos e flexíveis.

[27] Ghinea, Kerridge, Little, et al., 2016.

Capítulo 3
Os procedimentos de aprovação de medicamentos existentes na UE

3.1. A intervenção da UE no sector da saúde

A saúde não fazia parte dos interesses originários da Comunidade Económica Europeia (CEE), nem da Comunidade Europeia (CE), ou sequer da UE. Mesmo quando os Estados europeus despertaram para o problema da segurança do medicamento, após o escândalo Talidomida, as políticas neste domínio continuaram a ser da exclusiva responsabilidade de cada Estado.

Paulatinamente foram-se criando normas e políticas europeias (comunitárias) a respeito dos medicamentos, embora não tendo como base aspirações de defesa da saúde pública e sim objectivos ligados ao robustecimento do mercado interno. A ideia base na altura era que o objectivo da livre circulação de mercadorias exigia igualmente uma livre circulação de medicamentos.

Mas nos primórdios do direito farmacêutico europeu a intervenção europeia era subsidiária neste domínio, isto é, de apoio aos Estados-membros, aos quais cabiam a maior parte das competências. Basicamente, os processos de aprovação de medicamentos continuavam na estrita competência dos Estados, tendo-se apenas implementado procedimentos de reconhecimento mútuo.

Porém, estes procedimentos rapidamente demonstraram a sua falibilidade[28]. Estas fragilidades impuseram a necessidade de criar uma estrutura administrativa própria em 1995, a Agência Europeia de Medicamentos (EMA), sendo estabelecido um procedimento de aprovação de medicamentos estritamente europeu.

Hoje em dia podemos encontrar uma ampla proclamação do direito à saúde no plano do direito europeu no artigo 35 da Carta de Direitos Fundamentais da União Europeia (CDFUE), que impõe como princípio fundamental da UE a protecção da saúde, preceito este que deve ser lido em conjugação com o artigo 168/1 do Tratado de Funcionamento da União Europeia (TFUE)[29].

No cenário actual a maior parte das normas existentes no espaço europeu nesta matéria são precisamente criadas pelo legislador europeu[30]. É certo que as questões relativas à prestação de cuidados de saúde caem essencialmente na alçada dos Estados-membros, valendo em regra o princípio da subsidiariedade e da proporcionalidade no que respeita às intervenções da UE[31], ou seja, a UE só intervém perante a inacção ou ineficácia dos Estados-membros e fá-lo apenas na medida do necessário para a realização dos objectivos propostos. Contudo, a matéria dos medicamentos representa uma quase excepção a estes princípios orientadores do direito europeu, na medida em que a UE tem várias intervenções neste domínio; além do mais, não apenas intervenções orientadoras, mas verdadeiras obrigações de harmonização legislativa entre os Estados-membros, porventura como forma de dar cumprimento ao artigo 168/4/c do TFUE[32].

[28] As falhas das políticas de reconhecimento mútuo em Krapohl, 2008: 73.

[29] "Na definição e execução de todas as políticas e ações da União será assegurado um elevado nível de proteção da saúde".

[30] Permanand, 2006 e Feldschreiber & Breckenidge, 2008.

[31] Henkel, 2002 e Öberg, 2016.

[32] "Em derrogação do nº 5 do artigo 2º e da alínea a) do artigo 6º, e nos termos da alínea k) do nº 2 do artigo 4º, o Parlamento Europeu e o Conselho, deliberando de acordo com o processo legislativo ordinário e após consulta ao Comité Económico e Social e ao Comité das Regiões, contribuirão para a realização dos objetivos a que se refere o presente artigo, adotando, a fim de enfrentar os desafios comuns em matéria de segurança: c) Medidas que estabeleçam normas elevadas de qualidade e de segurança dos medicamentos e dos dispositivos para uso médico".

3.2. Os processos de concessão de AIM reconhecidos pelo direito europeu

Actualmente no espaço europeu a regra (com limitadíssimas excepções) é que todos os medicamentos usados carecem de aprovação por parte das autoridades competentes. Esta pode ocorrer segundo diversas vias: i) procedimento centralizado; ii) procedimento descentralizado; iii) procedimento de reconhecimento mútuo; iv) procedimentos estritamente nacionais, que decorrem perante a respectiva autoridade nacional do medicamento[33].

O procediemento centralizado corre junto da EMA e permite a concessão de uma AIM que abrange todos os Estados Membros da Europa. Existe um único pedido, uma única avaliação e um único processo de autorização válido para todos os Estados-Membros, com vista à implementação de um mercado unitário de produtos farmacêuticos. A avaliação é efectuada pela EMA ou, mais especificamente, pelo seu Comité dos Medicamentos para Uso Humano, que posteriormente faz uma recomendação à EMA sobre a concessão (ou recusa) da AIM. A utilização do procedimento centralizado é obrigatória para determinados produtos: medicamentos biotecnológicos; novas substâncias activas cuja indicação terapêutica se refere ao tratamento da síndrome da imunodeficiência adquirida, carcinoma, distúrbios neurodegenerativos, diabetes, doenças auto-imunes, outras disfunções imunológicas e infecções virais; medicamentos qualificados como órfãos (ou seja, medicamentos para doenças raras) à luz do Regulamento 141/2000[34], medicamentos de terapia avançada e biossimilares.

Caso não se opte por este procedimento uniforme há duas hipóteses, sendo que a opção entre ambas depende do facto de o medicamento já contar ou não com uma AIM concedida por um Estado-membro no momento em que o pedido é apresentado.

Caso o medicamento não esteja ainda autorizado em nenhum dos Estados da UE deve recorrer-se ao procedimento descentralizado, no âmbito do qual a empresa farmacêutica apresenta os seus pedidos de AIM nos vários Estados onde pretenda comercializar o seu produto.

[33] Van Norman, 2016: 400-401.

[34] Regulamento (CE) nº 141/2000 do Parlamento Europeu e do Conselho de 16 de Dezembro de 1999 relativo aos medicamentos órfãos.

Um desses Estados operará como Estado-Membro de Referência (EMR), avaliará o pedido de AIM e preparará um relatório que será enviado aos restantes Estados onde o pedido foi igualmente apresentado, designados de Estados-Membros Interessados ou Estados-Membros Envolvidos (EME). A AIM que vier a ser concedida abrangerá todos os EME's a menos que se argumente uma objecção fundada no potencial risco para a saúde pública (artigo 29/1 da Directiva 2001/83)[35].

Em contrapartida, se o medicamento já estiver autorizado num Estado-Membro e a empresa farmacêutica pretender estender a AIM a outros Estados, o procedimento adequado é o reconhecimento mútuo. Trata-se de um procedimento semelhante ao anterior: o Estado que primeiramente concedeu a AIM funcionará como EMR, enviará o seu relatório aos EME's e caso não seja invocada qualquer objecção fundada na saúde pública a AIM será alargada a todos os EME's.

Evidentemente que as empresas farmacêuticas não estão impedidas de submeter o pedido de AIM exclusivamente a um único Estado-membro para que o medicamento seja comercializada apenas naquele Estado. No entanto, tendo em conta as infinitas possibilidades oferecidas pelo vasto mercado europeu, esta opção de comercialização não é atraente para as empresas farmacêuticas, cujo objectivo é realizar negócios e obter lucros em todo o espaço europeu.

[35] Guideline on the definition of a potential serious risk to public health in the context of Article 29(1) and (2) of Directive 2001/83/EC – March 2006, at https://ec.europa.eu/health//sites/health/files/files/eudralex/vol-1/com_2006_133/com_2006_133_en.pdf

Capítulo 4
Será o processo de aprovação de medicamentos suficientemente exigente?

Apesar de o processo de aprovação de medicamentos ter sido criticado pela sua excessiva rigidez e exigência, certo é que ainda assim deixa passar muitos medicamentos cujo grau de segurança é inferior ao exigido. Como resultado, muitos produtos que chegam ao mercado acabam por revelar, eventualmente anos mais tarde, reacções adversas graves[36].

Ou seja, se por um lado o processo de aprovação de medicamentos se revela muito exigente, por outro lado poderá não ser exigente o suficiente. Esta afirmação parece contraditória, mas não o é. Ela pretende sublinhar a ideia que alguns aspectos do procedimento são demasiado rígidos e deveriam ser flexibilizados (por exemplo, não é qualquer reacção adversa que deve impor a retirada de um medicamento do mercado, devendo antes confrontar-se a gravidade do possível dano e a frequência da sua ocorrência com a importância dos benefícios que o medicamento permite auferir e o número de pacientes que dele beneficiarão); ao passo que outros aspectos do procedimento se deveriam tornar mais rigorosos (por exemplo, deveria reforçar-se a ideia de que os resultados obtidos durante os ensaios clínicos pré-comercialização são falíveis e acentuar-se o controlo do uso do medicamento na prática clínica corrente, isto é,

[36] Miller, 2013.

a farmacovigilância, como aliás tem sido a opção das autoridades competentes nos últimos anos).

4.1. O princípio da precaução

Sendo o medicamento um produto de particular risco impor-se a consideração do princípio da precaução. Trata-se de um princípio que permite aos poderes públicos adoptar decisões negativas tais como a recusa de autorização de um medicamento, de forma preventiva, mesmo sem dispor de dados concretos sobre os riscos envolvidos[37]. Ou seja, mesmo não existindo dados científicos suficientes para afirmar o risco envolvido (incerteza científica), permite-se a tomada de uma decisão negativa, a qual, porém, é necessariamente uma decisão provisória, pois que fica dependente dos posteriores avanços científicos[38]. Em suma, em caso de dúvida deve decidir-se a favor da saúde (*in dubio pro salute*).

Este princípio não é desconhecido do direito europeu. Consta expressamente do artigo 174/2 do Tratado que institui a Comunidade Europeia (TCE) relativo a questões ambientais, mas sem que daqui resulte que o seu âmbito de aplicação esteja circunscrito à protecção do ambiente[39] e de facto já foi por diversas vezes invocado na jurisprudência comunitária e europeia no domínio da saúde pública[40].

No campo dos medicamentos este princípio deve ser mobilizado com prudência, dado que neste domínio o risco zero não existe; pelo contrário, todos os medicamentos comportam um maior ou menor risco. O que se deve avaliar é se tal risco pode – ou deve – ser aceite em função dos benefícios envolvidos.

O princípio da precaução tem servido de fundamento à imposição de requisitos particularmente exigentes aos requerentes de AIM's.

[37] Sobre a aplicação deste princípio no domínio da saúde e dos medicamentos *vide* Bombillar Sáenz, 2010: 131 ss.
Sobre a sua aplicação no direito europeu, Comissão Europeia, 2000.

[38] Izquierdo Carrasco & Rebollo Puig, 2003: 226 ss.

[39] "A nível comunitário, a única referência expressa ao princípio da precaução encontra-se no título consagrado ao ambiente do Tratado CE, mais propriamente no seu artigo 174º. No entanto, não deve daqui deduzir-se que este princípio é aplicável apenas em matéria de ambiente (Anexo I, Ref. 2, 3 e 4). Embora o princípio seja mencionado no Tratado, nele não consta a sua definição" (Comissão Europeia, 2000).

[40] Por exemplo, acórdão de 5 de Maio de 1998, *Reino Unido / Comissão*, C-180/96, ECLI:EU:C:1998:192 (o chamado caso das vacas loucas).

Por exemplo, o requerente da AIM tem que apresentar, juntamente com o seu requerimento, um plano de gestão de risco do medicamento que inclua os seguintes dados: o perfil de segurança do medicamento; as medidas para evitar ou minimizar riscos para os pacientes; a estratégia de estudos e pesquisas destinados a obter mais dados sobre a segurança e eficácia do medicamento; e inclua igualmente procedimento de avaliação das medidas implementadas para minimizar o risco[41].

Contudo, uma aplicação demasiado exigente deste princípio colocará em causa o desenvolvimento científico[42], pois movidos pelo temor os poderes políticos poderão colocar demasiados obstáculos à investigação e ao progresso.

4.2. As limitações dos ensaios clínicos

A principal questão respeitante às lacunas do processo de aprovação de medicamentos coloca-se quanto aos ensaios clínicos[43], dado que apesar de aparentemente bastante exigentes, na verdade falham na descoberta de boa parte das reacções adversas dos medicamentos[44].

Primeiro, porque os participantes nos ensaios são cuidadosamente escolhidos e dificilmente podem servir de modelo para a efectiva e concreta população à qual o medicamento irá ser administrado. Por exemplo, raramente se realizam ensaios clínicos com populações de risco, tais como grávidas, idosos ou crianças, o que significa que não existem praticamente medicamentos autorizados para estes grupos[45]. Porém, quase todos os medicamentos são frequentemente utilizados em qualquer destes tipos de pacientes (prescrição off-label), sem que haja na verdade estudos que suportem cientificamente tal utilização, de modo que muitas vezes as consequências são uma incógnita e algumas podem ser potencialmente desastrosas. Excluídos dos ensaios clínicos tendem tam-

[41] Cfr. http://www.ema.europa.eu/ema/index.jsp?curl=pages/regulation/document_listing/document_listing_000360.jsp e Tubach, Lamarque-Garnier, Castot et al., 2011.

[42] Izquierdo Carrasco & Rebollo Puig, 2003: 191.

[43] Regulados pelo Regulamento (UE) nº 536/2014 do Parlamento Europeu e do Conselho, de 16 de abril de 2014, relativo aos ensaios clínicos de medicamentos para uso humano e que revoga a Diretiva 2001/20/CE (Regulamento 536/2014).

[44] Sobre as limitações dos ensaios clínicos, Mazzitello, Esposito, De Francesco, et al., 2013 e Arnardottir, Haaijer-Ruskamp, Straus, et al., 2011.

[45] Mann, 2015: 377.

bém a ficar doentes polimedicados, pelo que não é possível tirar conclusões quanto a eventuais interacções medicamentosas.

Além disso, mesmo em ensaios clínicos que envolvem um elevado número de participantes torna-se difícil detectar incidentes adversos que sejam mais raros. Por exemplo, suponha-se um ensaio com 5000 participantes; será certamente plausível detectar reacções adversas que ocorram em 1 em cada 100 pessoas, mas será bem mais difícil detectar aqueles que ocorrem em 1 em cada 5000 pessoas[46].

Depois, pela própria natureza das coisas, os ensaios clínicos são temporalmente limitados, pelo que não permitem detectar reacções adversas apenas identificáveis em tratamentos de longa duração.

Além disso, os ensaios clínicos monitorizam o medicamento quando tomado em condições ideais, deixando de fora casos de abuso, uso indevido ou esquecimento de toma, que na vida corrente acabam por ser muito frequentes entre pacientes.

Por outro lado ainda, note-se que os ensaios clínicos se destinam mais a controlar a eficácia do medicamento do que a sua segurança, pelo que raramente fornecem informações sobre reacções adversas ou toxidade dos medicamentos.

Estas fragilidades explicam que quer na Europa quer nos USA se tenham detectado reacções adversas graves em cerca de 10% dos medicamentos que foram autorizados a entrar no mercado após submetidos a rigorosos (ou não tão rigorosos) ensaios clínicos[47].

Porém, como se poderão contornar estas dificuldades? Certamente que se poderia reforçar ainda mais o já complexo, moroso e exigente processo de obtenção da AIM. Mas, como já referido no capítulo anterior, o modelo existente é bastante pesado e com consequências graves em termos de limitação de R&D, pelo que agravá-lo só iria dificultar ainda mais a chegada ao mercado de medicamentos inovadores.

4.3. A escassez de medicamentos disponíveis no mercado

As competências da EMA em sede de autorização de medicamentos não têm paralelo no que respeita à monitorização dos medicamentos exis-

[46] Storm, 2006: 2072.

[47] Cf. Arnardottir, Haaijer-Ruskamp, Straus, et al., 2011: 491.

tentes no mercado[48]. Na verdade, não existem na Europa mecanismos que permitam identificar quais os medicamentos em falta, muito menos detectar com antecedência aqueles que podem estar em risco de escassez.

Embora a investigação farmacêutica devesse ser orientada pelas necessidades de saúde da população, na verdade acaba por ser ditada pelo mercado e pelas necessidades de quem pode pagar mais[49]. Refira-se que 80% dos lucros da indústria farmacêutica provêm das suas vendas nos EUA, na Europa e no Japão[50], o que significa que são as doenças que assolam estas populações aquelas que concentram os esforços da indústria farmacêutica. Em contrapartida, doenças como a malária, o botulismo e a lepra, praticamente inexistentes no primeiro mundo, são esquecidas pela investigação farmacêutica[51], e por isso vulgarmente apelidadas de "doenças esquecidas[52]".

Para além da questão dos medicamentos que não chegam sequer a ser criados existe ainda a questão dos medicamentos que foram criados, comercializados, mas que acabam por ser retirados do mercado por decisão do fabricante, deixando por vezes os consumidores-pacientes sem qualquer opção terapêutica.

Por força das alterações introduzidas em 2012 na legislação sobre farmacovigilância, actualmente os detentores de AIM's devem notificar os reguladores da UE de qualquer acção para retirar um produto do mercado, juntamente com o motivo dessa acção, sempre que a decisão se funde num dos seguintes motivos: carácter nocivo do medicamento; falta de eficácia terapêutica; sentido desfavorável da análise risco-benefício; discrepâncias entre a composição qualitativa e quantitativa do medicamento e a informação que fora inicialmente declarada; problemas

48 Sobre esta questão, Torjesen, 2015.

49 Embora a população dos chamados países do primeiro mundo constitua apenas 14% da população mundial, consomem cerca de 80% dos medicamentos. *A contrario*, a restante população mundial – 86% – tem de sobreviver com apenas 20% dos medicamentos existentes (Bombillar Sáenz, 2010: 14).

50 Bombillar Sáenz, 2010: 14.

51 Para fazer face a este problema a Organização Mundial da Saúde (OMS) criou o conceito de "medicamentos essenciais", para referir os medicamentos destinados a satisfazer as principais necessidades de saúde da população mundial.

52 Cfr. Beard, 2009. Veja-se ainda http://www.who.int/neglected_diseases/diseases/en/

no fabrico ou inspecção do medicamento[53]. Porém, nada é dito quanto às decisões de retirada do produto fundadas em motivos de pura estratégia comercial. Por exemplo, pode dar-se o caso de a empresa direccionar o medicamento para os países onde este atinge preços mais altos, deixando assim em falta países onde os preços são mais baixos e o lucro menor.

[53] http://www.ema.europa.eu/ema/index.jsp?curl=pages/regulation/general/general_content_000520.jsp&mid=WC0b01ac05804fa031

Capítulo 5
Novas soluções para o processo de aprovação de medicamentos

Dado que o processo de aprovação de medicamentos tem sido objecto de várias críticas não faltam propostas de alteração no sentido de, por um lado, o tornar mais expedito e flexível e, por outro lado, mais seguro.

No que respeita à primeira pretensão – celeridade, simplicidade – já foi sugerido que o processo de desenvolvimento do medicamento se bastasse com a fase 2 dos ensaios clínicos, passando as actuais fases 3 e 4 para a etapa post-marketing do produto[54]. Esta seria uma forma de tornar o processo mais célere e mais barato, o que iria facilitar o aparecimento de novos produtos. Porém, as críticas apontam que esta fase 3 é crucial na identificação de reacções adversas, pelo que postergá-la para um momento em que o medicamento já esteja a ser comercializado colocaria em grave risco os pacientes/consumidores[55], transformados assim numa espécie de cobaias.

Em contrapartida, o que se tem feito para agilizar o processo de aprovação de medicamentos é criar mecanismos mais rápidos e simples de

[54] Sugestão de Lachmann, 2012: 1182 ss., que alega que após a fase 2 o ensaio clínico pouco pode contribuir para o medicamento e não aporta nada de novo que não se consiga, com maior rigor ainda, depois de o medicamento estar no mercado.
Em sentido semelhante, Cooksey, 2006.

[55] Arrowsmith, 2011.

acesso aos medicamentos, os chamados processos de aprovação acelerada, embora não se trate ainda de uma solução consensual. Outra solução que poderá trazer efeitos úteis ao actual processo de aprovação e monitorização de medicamentos é a reformulação da corrente análise custo-benefício realizada aquando da aprovação do medicamento.

5.1. Acesso antecipado aos medicamentos

Se por um lado o processo de desenvolvimento de novos medicamentos se revela tão complexo, longo e custoso, por outro lado os pacientes (e também os profissionais de saúde) aumentam a pressão no sentido de exigir medicamentos novos, mais eficazes e mais seguros, sem esperar pelo longo processo de aprovação.

Para fazer face a estas exigências têm vindo a ser implementados mecanismos de acesso antecipado a medicamentos, que permitem aos pacientes aceder mais cedo acesso às substâncias de que tanto precisam, inclusivamente para viver; e, por outro lado, permite aos médicos fornecer melhores cuidados de saúde fazendo uso de substâncias inovadoras. Mas também as empresas farmacêuticas beneficiam com este mecanismo, dado que o uso antecipado de medicamentos permite-lhes recolher dados que podem utilizar mais tarde, aquando da obtenção da AIM, porque facilitam a avaliação de tecnologias em saúde, conhecida como *health technology assessment* (HTA)[56].

A necessidade dos procedimentos de acesso antecipado tornou-se particularmente visível aquando da crise do ébola na África Ocidental, quando ficou patente a escassez de medicamentos disponíveis para lutar contra a epidemia. Nessa altura a OMS emitiu uma declaração esclarecendo a legitimidade de medidas destinadas a providenciar a pacientes em necessidade medicamentos ainda sob investigação, mesmo que ainda não tenham sido testados em seres humanos[57].

Note-se que o acesso antecipado não se confunde com os ensaios clínicos. Estes últimos são levados a cabo pela própria empresa farmacêutica e destinam-se a recolher dados sobre a segurança e eficácia do produto antes que este chegue ao mercado, sendo a sua realização obrigatória para efeitos de concessão da AIM. Ao invés, os mecanismos de

[56] Estes vários benefícios em Pinsent Masons, 2014: 3.
[57] WHO, 2014.

acesso antecipado de medicamentos não fazem parte do processo de obtenção da AIM (sendo certo que os dados aí recolhidos podem ser utilizados no referido processo, com a vantagem de tais dados estarem mais próximos dos que se verificam na prática clínica corrente). Muitos dos pacientes incluídos nestes mecanismos de acesso antecipado nem sequer se qualificariam para participar nos ensaios clínicos, cujos requisitos de admissão tendem a ser bastante exigentes (em relação à idade dos voluntários, à sua condição de saúde, ao facto de estarem ou não a tomar outros medicamentos). Para alguns destes pacientes o acesso antecipado pode revelar-se um mecanismo *life saving*, isto é, a única forma de poder ter acesso a medicamentos que de outro modo lhe estariam vedados – dado que ainda não se encontram no mercado – e dos quais podem precisar desesperadamente.

Os procedimentos de acesso antecipado podem ter lugar em vários estádios da vida do medicamento[58], inclusivamente nas fases iniciais, por exemplo, para permitir o acesso por parte de pacientes que não reúnem os critérios de elegibilidade para participar em ensaios clínicos. Outro cenário no qual a sua implementação se revela útil refere-se aos casos em que o medicamento já foi aprovado num país mas não noutro. Por exemplo, no âmbito do procedimento de aprovação centralizado que decorre no seio da EMA existe uma dilação temporal para o lançamento do medicamento nos vários Estados-membros, dado que por vezes a comercialização num concreto Estado está dependente de regras internas (sobretudo relacionadas com a questão do reembolso dos medicamentos, a qual não está centralizada), mas durante esse período de atraso na comercialização pode ser muito benéfico para alguns pacientes o acesso antecipado ao medicamento.

Uma das formas mais correntes de acesso antecipado é o uso compassivo, o qual se destina a permitir que pacientes em necessidade terapêutica possam receber medicamentos que ainda não estão autorizados, ou seja, ainda estão em processo de desenvolvimento. No passado tal seria possível apenas caso o paciente fosse recrutado para um ensaio clínico, mas os critérios de selecção destes são tão exigentes que poucos pacientes conseguem ser aceites. O uso compassivo diz respeito a medicamentos cuja AIM está a ser avaliada, mas ainda não foi concedida,

[58] Patil, 2016: 5-6.

admitindo-se nestes casos o seu uso em situações específicas, nomeadamente tratando-se de doentes com patologias graves, cuja rápida deterioração do estado de saúde não lhes permite esperar pela autorização do medicamento.

No plano europeu o uso compassivo vem regulado no artigo 6 da Directiva 2001/83 e no artigo 83/1 do Regulamento 726/2004[59]. A implementação de procedimentos de uso compassivo é decidida e implementada por cada Estado, de acordo com as suas próprias regras. À EMA cabe apenas identificar os pacientes que poderão beneficiar deste mecanismo e emitir recomendações sobre o tema.

Os vários mecanismos de acesso antecipado permitem ao paciente ter acesso ao medicamento bastante tempo antes de este entrar no mercado, muitas vezes salvando-lhe a vida. Porém, não deixam de ser práticas arriscadas, na medida em que estes medicamentos ainda não foram sujeitos a todos os ensaios e pesquisa que seriam necessários para a sua aprovação. Nesta fase ainda existem muitas informações sobre os medicamentos que se desconhecem, não apenas em relação ao modo da sua administração (frequência, dose), mas inclusivamente em relação à sua segurança.

5.2. Mecanismos mais céleres de autorização de medicamentos

A implementação de mecanismos mais céleres de concessão de AIM's – denominados *fast track* – tem sido uma via seguida por várias jurisdições. No quadro europeu de momento tais mecanismos são a autorização condicional e a autorização em condições excepcionais.

A autorização condicional foi introduzida pelo artigo 14/7 do Regulamento 726/2004 e vem regulamentada no Regulamento (CE) 507/ /2006[60]. Destina-se àqueles medicamentos que parecem promissores em termos de benefícios para a saúde dos pacientes, mas para os quais ainda não existe suficiente informação em termos de segurança e eficá-

[59] Sobre o regime aplicável ao uso compassivo no direito europeu veja-se Balasubramanian, Morampudi, Chhabra, et al., 2016: 244-254 e Rahbari & Rahbari, 2011: 163.

[60] Regulamento (CE) nº 507/2006 da Comissão de 29 de Março de 2006 relativo à autorização condicional de introdução no mercado de medicamentos para uso humano abrangidos pelo âmbito de aplicação do Regulamento (CE) nº 726/2004 do Parlamento Europeu e do Conselho.

cia. É então concedida uma autorização com a validade de 1 ano, renovável, sujeita a condições específicas que serão revistas anualmente.

A aprovação sob condições excepcionais (artigo 14/8 do Regulamento 726/2004) destina-se aos casos em que o requerente da AIM não consegue apresentar dados compreensivos sobre a segurança e eficácia do produto à data em que apresenta o pedido. Neste caso, e desde que se verifiquem os motivos elencados no Anexo I da Directiva 2001/83, pode ser concedida uma autorização de comercialização que será anualmente revista e que impõe obrigações especiais ao seu titular, sobretudo em termos de segurança, tais como a obrigação de notificação das autoridades competentes em caso de incidente associado à utilização do medicamento.

Embora apresentem notas comuns existe uma diferença de relevo entre ambos os procedimentos. No caso da autorização condicional o objectivo é que a ausência de dados venha a ser colmatada num futuro próximo, levando assim à substituição da autorização condicional por uma autorização definitiva (logo, não sujeita às obrigações que marcam a autorização condicional). Já no caso da aprovação sob condições excepcionais assume-se *ab initio* que não será possível apresentar os dados em falta, pelo que a autorização permanecerá excepcional durante toda a vida do medicamento.

Ambos são mecanismos de aprovação acelerada, destinados a medicamentos que podem revelar-se de grande interesse para a saúde pública, nomeadamente em termos de inovação terapêutica. A principal característica destes novos procedimentos é que exigem menos dados clínicos para conferir a AIM, o que obviamente suscita dúvidas quanto à sua segurança. Contudo, estudos já realizados a respeito destes novos procedimentos concluíram que os mesmos não aumentam o risco de reacções adversas, apesar de operarem com menos dados clínicos[61].

5.3. Uma diferente análise risco-benefício

O juízo de avaliação risco-benefício – utilizado quer para a aprovação de um medicamento quer para a sua retirada do mercado – pauta-se por elevados critérios de exigência, tendendo-se a considerar que qualquer risco, mesmo de reduzido alcance, deve implicar a retirada do medica-

[61] Arnardottir, Haaijer-Ruskamp, Straus, et al., 2011.

mento de circulação. Este elevado grau de exigência tem os seus benefícios, mas também tem os seus inconvenientes, nomeadamente porque força a retirada de produtos que, embora não sejam absolutamente seguros, são de grande benefício para pacientes necessitados e cuja existência depende muitas vezes desses medicamentos. Ou seja, embora a avaliação risco-benefício tenha que ser feita em geral e abstracto, certo é que não pode – ou não deve – descurar as necessidades de pacientes concretos[62].

Tomemos como exemplo o caso de uma vacina comercializada no final do século passado pela farmacêutica Wyeth (agora Pfizer) contra o rotavírus, um vírus que causa diarreia e que em algumas regiões do globo (por exemplo, a África subsaariana) tem sido a principal causa de morte na primeira infância. Embora o fármaco fosse bastante eficaz no combate ao rotavírus, a certa altura verificou-se que estava associado a uma maior incidência de intussuscepção, uma condição médica em que um segmento do intestino se dobra dentro de outro segmento, mas que raramente tem consequências letais. Embora não se tratasse de uma reacção adversa grave, nem a sua incidência fosse generalizada (estimava-se que seria de 1 caso por 10.000 crianças vacinadas), a Wyeth optou por retirar o produto do mercado, possivelmente temendo litígios intermináveis e eventuais condenações indemnizatórias. No entanto, a avaliação risco-benefício que era válida para o mundo ocidental não se aplicava a certas áreas da África, onde a presença desta vacina permitia manter substancialmente mais baixos os índices de mortalidade infantil. O medicamento foi retirado do mercado em 1999 e só em 2006 apareceu outra vacina do mesmo tipo, sendo que durante esse interregno cerca de 3 milhões de crianças africanas morreram de infecção por rotavírus. Certamente que nem todos os casos poderiam ter sido prevenidos usando a vacina de Wyeth, mas é legítimo pensar que muitas mortes teriam sido evitadas[63].

A análise risco-benefício que aqui propugnamos, mais flexível e fundada numa apreciação global, não é totalmente inovadora. Pode encontra-se em algumas decisões judiciais, mesmo em decisões com alguns anos. Por exemplo, num caso presente ao Supremo Tribunal holandês

[62] O mesmo raciocínio, mas face a medicamentos defeituosos, em Shifton, 2002: 2362-2363.
[63] Lachmann, 2012.

no final da década de 80 do século passado quatro consumidores do sedativo Halcion pediram em tribunal uma compensação pelos danos que lhes haviam sido causados pelo medicamento[64]. Porém, o tribunal rejeitou esta pretensão a partir de um balanço da pouca gravidade dos prejuízos causados face aos benefícios que o medicamento apresentava para outros consumidores. A decisão presta-se a várias críticas, dado que o facto de o medicamento ser benéfico para muitos não isenta o fabricante dos danos efectivamente causados a poucos. Ainda assim, o raciocínio expedido pelo tribunal a propósito da responsabilidade do produtor poderá ser tido em consideração no momento de aprovar a entrada de novos produtos no mercado ou decidir a sua retirada do mercado. Ou seja, uma diminuta percentagem de risco não deve impedir a concessão da AIM, nem a manutenção da AIM já concedida, desde que se demonstre que os benefícios esperados claramente suplantam os riscos; contudo, e ao contrário do decidido pelo Supremo Tribunal holandês, tão pouco deve impedir a compensação daqueles que foram efectivamente lesados pelo produto.

[64] HR, decisão de 30 de Junho de 1989 (NJ, 19990. Nr. 652).

Parte III
Farmacovigilância e reacções adversas

Capítulo 6
Reacção adversa

A definição tradicional de reacção adversa é a providenciada pela OMS, como qualquer dano causado pelo uso de um ou mais medicamentos com finalidade terapêutica[65].

A definição de reacção adversa hoje dominante no direito europeu - introduzida pela Directiva 2010/84/EU (Directiva 2010/84[66]) é bastante mais ampla, uma vez que se refere a qualquer reacção nociva e não intencional a um medicamento. Logo, não abrange apenas consequências negativas derivadas do uso de produtos autorizados e em conformidade com o respectivo label, mas também consequências que resultam de usos não autorizados (isto é, off-label), overdoses e outros erros de medicação.

[65] "A response to a drug that is noxious and unintended and occurs at doses normally used in man for the prophylaxis, diagnosis or therapy of disease, or for modification of physiological function" (WHO, 1972).
Como exemplo de outra definição *vide* Edwards & Aronson, 2000: "[a]n appreciably harmful or unpleasant reaction, resulting from an intervention related to the use of a medicinal product, which predicts hazard from future administration and warrants prevention or specific treatment, or alteration of the dosage regimen, or withdrawal of the product".

[66] Directiva 2010/84/UE do Parlamento Europeu e do Conselho de 15 de Dezembro de 2010 que altera, no que diz respeito à farmacovigilância, a Directiva 2001/83/CE que estabelece um código comunitário relativo aos medicamentos para uso humano.

Estima-se que as reacções adversas dos medicamentos sejam a causa de 5% das hospitalizações dentro do espaço da UE e a quinta causa de morte nos hospitais[67]. Destes efeitos resultam 197 mil mortes por ano e um custo de cerca de 79 biliões de US dólares[68].

A maior parte das reacções adversas não são susceptíveis de ser detectados nos ensaios clínicos, mas apenas na prática clínica corrente[69]. A isto acresce que a taxa de ocorrência de reacções adversas não é uniforme nos vários países, dado que esta é condicionada por vários factores: patologias predominantes, genética do grupo humano nacional, dieta corrente, medicamentos disponíveis, modo como são usualmente prescritos na prática clínica (dosagem, posologia), interconexão dos fármacos típicos da medicina ocidental com produtos próprios da medicina tradicional, entre outros. Por este motivo os resultados obtidos num ensaio clínico em dado país podem não ser transponíveis para outra realidade[70]. É a farmacovigilância, enquanto controlo pós-comercialização do produto, que permite identificar a maior parte das reacções adversas do medicamento.

[67] European Patients' Forum, 2012: 4.
[68] Arnardottir, Haaijer-Ruskamp, Straus, et al., 2011
[69] Lasser, Allen, Woolhandler, et al., 2002.
[70] Mazzitello, Esposito, De Francesco, et al., 2013.

Capítulo 7
Farmacovigilância

7.1. Definição de farmacovigilância

A farmacovigilância – pelo menos enquanto realidade semelhante à que existe actualmente – remonta a Dezembro de 1961, quando um médico australiano, Dr. William McBride, publicou uma carta no prestigiado jornal *The Lancet*, onde expôs as suas suspeitas sobre a ligação entre a focomélia e a toma do medicamento Talidomida[71]. Porém, o termo "farmacovigilância" só apareceu nos anos 70, por mão de um grupo de farmacologistas franceses[72], embora o primeiro país do mundo a contar com legislação específica nesta matéria tenham sido os EUA, por força do *Food, Drug and Cosmetic Act*, de 1938[73].

Actualmente o termo farmacovigilância refere-se à actividade de identificação, avaliação, compreensão e prevenção de reacções adversas e outros resultados nocivos dos medicamentos. Veja-se ainda a definição de farmacovigilância da Organização Mundial da Saúde (OMS): "Pharmacovigilance (PV) is defined as the science and activities relating to the detection, assessment, understanding and prevention of adverse effects or any other drug-related problem"[74]. Em suma, diz respeito às

[71] McBride, 1961.

[72] Bégaud, Chaslerie, Haramburu, 1994.

[73] Pub. L. No. 75-717, 52 Stat. 1040 (1938).

[74] http://www.who.int/medicines/areas/quality_safety/safety_efficacy/National_PV_Centres_Map/en

obrigações de reportar reacções adversas do medicamento já depois da sua entrada no mercado (artigo 101 e seguintes da Directiva 2001/83)[75].

Com efeito, por muito completos que sejam os ensaios clínicos, é-lhes impossível identificar todos os riscos do produto, os quais muitas vezes só conseguem ser detectados após anos de comercialização. Várias razões explicam a insuficiência do processo de R&D para detectar efeitos adversos. Desde logo, os resultados dos testes realizados em animais não são totalmente transponíveis para humanos; mesmo no que respeita a ensaios realizados com humanos, o facto é que os seus resultados são sempre limitados e insuficientes (os participantes são cuidadosamente escolhidos, o período de duração do ensaio é temporalmente limitado), dado que os ensaios não podem ser assimilados à realidade da prática clínica. É imperioso continuar a tarefa de identificação de riscos mesmo após a entrada em circulação do produto, tarefa esta que cabe obviamente aos produtores, mas também a outros *players* no sector da saúde, nomeadamente médicos e pacientes. Os resultados advindos da farmacovigilância podem alterar a relação risco/benefício do medicamento e, por conseguinte, levar à revogação, suspensão ou modificação da sua AIM (artigo 116 da Directiva 2001/83)[76].

Além do mais, a farmacovigilância permite identificar problemas de segurança do medicamento que só se tornam evidentes durante a comercialização, como contaminação, odor ou sabor anormais, questões relacionadas com a embalagem do produto (vazamento de garrafas), problemas de rotulagem (ausência de rótulos, omissão das datas de validade) e até mesmo produtos falsificados[77].

[75] Artigo 101 da Directiva 2001/83 – "Os Estados-Membros tomarão todas as medidas necessárias para incentivar os médicos e outros profissionais de saúde a comunicarem às autoridades competentes os casos de suspeita de reacções adversas. Os Estados-Membros podem impor exigências específicas aos médicos e outros profissionais de saúde no que respeita à comunicação de suspeitas de reacções adversas graves ou inesperadas, em particular quando a comunicação constitua uma condição para a autorização de introdução no mercado".

[76] Artigo 116 da Directiva 2001/83 – "As autoridades competentes suspendem, revogam ou alteram uma autorização de introdução no mercado caso se considere que o medicamento é nocivo, ou que falta o efeito terapêutico, ou que a relação risco-benefício não é favorável ou que o medicamento não tem a composição quantitativa e qualitativa declarada. Considera-se que o efeito terapêutico falta se se apurar que o medicamento não permite obter resultados terapêuticos".

[77] Kumar, 2017: 606-607.

Outra razão justificativa da necessidade de farmacovigilância prende-se com a concretização dos deveres de informação que cabem ao produtor. É hoje ponto assente que eventuais riscos descobertos já após a comercialização do produto devem igualmente ser comunicados ao consumidor, o que implica uma constante vigilância por parte da empresa farmacêutica. Por força das actividades de farmacovigilância o folheto informativo do medicamento pode ter que ser actualizado caso a avaliação risco-benefício se torne negativa e o produto pode inclusivamente ser retirado do mercado[78].

A farmacovigilância é um importante mecanismo de protecção do consumidor-paciente. Em regra pensamos que esta protecção se circunscreve aos mecanismos de responsabilidade do produtor e do aplicador/prescritor do medicamento (o médico). Mas qualquer destes dois mecanismos apenas opera *ex post facto*, ou seja, após a ocorrência da lesão, sendo seu objectivo compensar a pessoa lesada. É certo que também podem prevenir futuras lesões, já que a imposição de responsabilidade legal tem (ou aspira ter) um efeito dissuasivo, encorajando os agentes responsabilizados a adoptar um comportamento mais prudente no futuro. Mas a dissuasão é um resultado colateral, nem sempre alcançado pela responsabilidade, sobretudo tratando-se de responsabilidade civil. No caso específico dos produtos farmacêuticos a farmacovigilância assume-se como um mecanismo essencial para prevenir a ocorrência de danos.

Em suma, a farmacovigilância visa, essencialmente, os seguintes objectivos: identificar novas reacções adversas o mais prontamente possível, aprofundar a informação existente sobre as reacções adversas previamente identificadas, comparar os benefícios de um medicamento face a outros medicamentos existentes e divulgar as conclusões obtidas com vista a melhorar a prática clínica[79].

Com vista a atingir estes objectivos, em 1968 a OMS instituiu o *WHO Programme for International Drug Monitoring*[80] e alguns anos mais tarde,

[78] McNaughton, Huet, Shaki, 2014.

[79] Mazzitello, Esposito, De Francesco, et al., 2013.

[80] http://www.who.int/medicines/areas/quality_safety/safety_efficacy/National_PV_Centres_Map/en/

em 1978, foi criado o *Upsala Monitoring Center*[81], para funcionar como sua base de dados de suporte a nível mundial.

Um das grandes dificuldades com que a farmacovigilância se depara hoje em dia prende-se com o secretismo que rodeia o mundo farmacêutico, nomeadamente o processo de R&D. Por questões de concorrência e competitividade as empresas farmacêuticas procuram esconder todos os resultados a que chegam no âmbito da investigação que levam a cabo, mesmo no que respeita a medicamentos que nunca chegam ao mercado, seja porque a empresa os abandou seja porque a AIM não foi concedida.

Porém, esta linha de políticas comerciais apresenta dois perigos imediatos. Por um lado, é um desperdício de valioso conhecimento científico que, mesmo quando não usado por aquela empresa e para aquele medicamento, poderia ainda ser usado num outro medicamento de grande valor para os pacientes que o esperam[82]. Por outro lado, a informação omitida ameaça a descoberta de reacções adversas dos medicamentos existentes no mercado, mesmo quando tal informação se relacione com medicamentos que nunca chegaram ao mercado, dado que aqueles dados podem ser úteis para compreender outros produtos.

Como facilmente se compreende, a notificação espontânea de reacções adversas (a chamada vigilância de rotina) é uma componente vital para o funcionamento da farmacovigilância[83]. Trata-se de voluntariamente reportar reacções adversas que se supõe estarem ligadas a determinado tratamento, seja pelo próprio paciente seja por um terceiro (em regra, o médico prescritor). Este método tem obviamente vantagens em termos de custos e de simplicidade, além de que tem um campo de aplicação muito vasto, dado que permite abarcar todo o tipo de pacientes e de medicamentos. Porém, estima-se que apenas 6 a 10% de todas as reacções adversas são reportadas[84]. O problema da subnotificação prende-se, talvez, com a crença de que determinada reacção adversa já é conhecida, pelo que a notificação é desnecessária; mas também se poderá explicar pela dúvida em relação à real causa do sintoma apresentado pelo paciente. Por outro lado, quando se trata de reacções adversas

[81] https://www.who-umc.org/#

[82] Herder, 2014: 248.

[83] Mazzitello, Esposito, De Francesco, et al., 2013.

[84] Vallano, Cereza, Pedròs, et al., 2005. Também em sentido critico, Huang, Moon, Segal, 2014: 582.

pouco graves, usualmente não lhes é dada suficiente atenção, ao passo que tratando-se de efeitos graves muitos médicos temerão que tal se deva a alguma falta da sua parte e o receio de possíveis consequências legais inibe-os de notificar[85]. A isto acresce que por resultar do mero estudo observacional, funda-se muitas vezes em conclusões pouco fundamentadas, inclui muitos falsos positivos e carece de uniformidade

Estas limitações impulsionaram a criação de mecanismos de vigilância sistemática, por via de estudos observacionais, bases de dados e ensaios clínicos de fase IV[86].

7.2. O regime europeu de farmacovigilância

Na Europa o regime de farmacovigilância resulta essencialmente da Directiva 2010/84/UE e do Regulamento 1235/2010[87]. Em 2012, e por força das elevadas percentagens de morbidade e de mortalidade verificadas na Europa[88], o regime de farmacovigilância foi substancialmente alterado pelo Regulamento 1027/2012[89].

Um das principais notas do sistema europeu de farmacovigilância[90], fruto das alterações de 2012, é a inclusão de novas modalidades de reacções adversas, incluindo não apenas aqueles resultantes dos usos autorizados e regulares do produto, mas também de usos off-label, de abusos e erros de medicação[91]. Não só o conceito é hoje mais abrangente, como

[85] Neres & Ferreira, 2015.

[86] Neres & Ferreira, 2015.

[87] Regulamento (UE) nº 1235/2010 do Parlamento Europeu e do Conselho de 15 de Dezembro de 2010 que altera, no que diz respeito à farmacovigilância dos medicamentos para uso humano, o Regulamento (CE) nº 726/2004 que estabelece procedimentos comunitários de autorização e de fiscalização de medicamentos para uso humano e veterinário e que institui uma Agência Europeia de Medicamentos, e o Regulamento (CE) nº 1394/2007 relativo a medicamentos de terapia avançada.

[88] Bouvy, De Bruin, Koopmanschap, 2015.

[89] Regulamento (UE) nº 1027/2012 do Parlamento Europeu e do Conselho de 25 de Outubro de 2012 que altera o Regulamento (CE) nº 726/2004 no que diz respeito à farmacovigilância e do Directiva 2012/26/UE do Parlamento Europeu e do Conselho de 25 de Outubro de 2012 que altera a Directiva 2001/83/CE no que diz respeito à farmacovigilância.
Em detalhe sobre os mecanismos de farmacovigilância vigentes em Portugal, Herdeiro, Ferreira, Ribeiro-Vaz, et al., 2012.

[90] Descrevendo as principais notas do actual regime europeu de farmacovigilância veja-se Romão, 2016: 10-11.

[91] European Patients' Forum, 2012: 8.

a obrigação de notificação é mais ampla, dado que todas as reacções adversas devem ser notificadas, independentemente da sua gravidade ou de serem ou não esperados. Os pacientes podem igualmente reportar reacções adversas e podem fazê-lo junto do médico, farmacêutico ou das autoridades nacionais de vigilância do medicamento[92].

No seio da EMA foi criado o *Pharmacovigilance Risk Assessment Committee*[93], ao qual cabe a gestão de risco dos medicamentos de uso humano, por via da identificação, avaliação e comunicação das reacções adversas. Foi igualmente instituída uma base de dados – a EudraVigilance – que serve de apoio ao trabalho de farmacovigilância e onde são registadas todas as notificações de reacções adversas[94].

Outra característica importante do actual sistema europeu de farmacovigilância prende-se com a sua planificação, a qual começa ainda antes de o produto ser colocado no mercado, tornado assim esta fase parte integral da vida do medicamento. As empresas farmacêuticas são encorajados a planificar desde muito cedo como irão minimizar os riscos associados à fase de pós-autorização. Neste sentido, a lei impõe a apresentação de um plano de gestão de risco (PGR)[95] às autoridades reguladoras quando solicitam a AIM. O PGR deve ser atualizado ao longo da vida medicamento, seja a pedido de uma entidade reguladora, seja porque o sistema de gestão de riscos foi entretanto modificado, por exemplo, por via de novas informações que alteraram o risco atribuído ao produto.

Por outro lado, o sistema europeu de farmacovigilância inclui disposições que permitem impor medidas adicionais de gestão do risco, tais como pacotes educacionais destinados a aumentar a consciencialização dos médicos sobre determinado risco do produto[96].

Alguns produtos ficam sujeitos a monitorização especial, nomeadamente produtos biológicos e biosomilares. Este regime especial deve aparecer no folheto informativo e no Resumo das Características do Medicamento (RCM), com a frase "Este medicamento está sujeito a monitorização adicional", acompanhada de um triângulo preto inver-

[92] Direct patient Report (DPR). Sobre isto *vide* Anderson, Krska, Murphy, et al., 2011.

[93] Algumas informações sobre este organismo em Santoro, Genov, Spooner, et al., 2017: 859.

[94] https://eudravigilance.ema.europa.eu/Decommissioned/Decommissioned.html

[95] Sobre o PGR *vide* Santoro, Genov, Spooner, et al., 2017: 859.

[96] Santoro, Genov, Spooner, et al., 2017: 859.

tido, usado para rotular medicamentos que estão a ser monitorizados de forma particularmente exigente pelas autoridades reguladoras[97]. Se um medicamento é rotulado com o triângulo preto, tal significa que é objecto de mais intensa monitorização do que outros medicamentos, por exemplo, porque é novo no mercado ou porque os dados existentes sobre o seu uso a longo prazo são limitados.

[97] http://www.infarmed.pt/web/infarmed/entidades/medicamentos-uso-humano/farmacovigilancia/medicamentos-sujeitos-a-monitorizacao-adicional

Parte IV
O medicamento como produto defeituoso

Capítulo 8
Um regime europeu de responsabilidade por produtos defeituosos

8.1. A aplicação do regime geral de responsabilidade do produtor

Os medicamentos, como de resto qualquer outro produto, podem apresentar defeitos e assim como nos demais produtos os respectivos fabricantes estão sujeitos a responsabilidade pelos danos causados.

No espaço europeu tal regime consta essencialmente da Directiva 85/374[98] (depois transposta para os vários Estados-membros, ainda que com algumas ligeiras adaptações efectuadas pelos legisladores nacionais em conformidade com a margem de liberdade permitida pela directiva[99]), que consagra a responsabilidade objectiva do produtor pelos danos causados por produtos considerados defeituosos à luz da referida

[98] Directiva 85/374/CEE do Conselho, de 25 de Julho de 1985, relativa à aproximação das disposições legislativas, regulamentares e administrativas dos Estados-Membros em matéria de responsabilidade decorrente dos produtos defeituosos.
No âmbito do direito europeu há ainda que ter em consideração outro texto legal, a Directiva 2001/95/CE do Parlamento Europeu e do Conselho, de 3 de Dezembro de 2001, relativa à segurança geral dos produtos, a qual se aplica na falta de disposições mais específicas (excepto se esta Directiva cobrir riscos não cobertas por esses outros regimes específicos).

[99] No caso da ordem jurídica portuguesa a Directiva 85/374 foi transposta por via do Decreto-Lei nº 383/89, de 6 de Novembro. Para uma análise detalhada ao regime deste último diploma *vide*, por todos, Silva, 1999.

directiva. A UE não prevê um regime específico de responsabilidade para produtos farmacêuticos, pelo que vale o regime geral de produtos defeituosos[100].

A principal particularidade a ter em conta neste ensejo é que os medicamentos são produtos inelutavelmente defeituoso. Ou seja, não há qualquer possibilidade de um medicamento ser 100% seguro. Por este motivo é desde logo discutível se o regime da Directiva se revela o mais adequado a este tipo de produtos[101]. Por outro lado, e ao contrário de outros produtos, os medicamentos acarretam diversos benefícios sociais e nem seria possível viver sem vários deles, pelo que os seus riscos têm que ser sempre concatenados com os respectivos benefícios. Ora, esta avaliação de risco-beneficio é levada a cabo no momento da entrada no mercado, pelas autoridades do medicamento competente, por via da concessão (ou não) da AIM. É indiscutível que esta autoridade tem mais conhecimentos do que os tribunais para levar a cabo semelhante juízo, pelo que se pode até questionar a legitimidade da decisão do tribunal para este efeito.

Estas notas poderiam justificar a criação de um regime particular para os produtos farmacêuticos (alguns Estados-membros optaram por criar legislação específica neste domínio[102]), contudo, na falta de um regime específico será a Directiva 85/374 a reger o defeito do medicamento, ainda que a sua aplicação a este tipo específico de produtos requeira algumas considerações particulares.

8.2. A aplicação de um regime de responsabilidade objectiva

Um dos mecanismos possíveis – e mais plausíveis – de reacção do consumidor-paciente lesado é intentar uma acção de responsabilidade civil

[100] Assim o demonstram as várias decisões do TJEU que aplicam o regime da Directiva a medicamentos.

[101] Referindo esta crítica, Hunter & Bergkamp, 2001: 414 ss.

[102] Com efeito, alguns Estados Membros contam com leis especificamente destinadas a proteger o consumidor-paciente face aos riscos dos medicamentos. É o caso da França, que após o escândalo do Mediator publicou a Lei n. 2011-2012, de 29 de Decembro de 2011 (Loi n. 2011-2012 du 29 décembre 2011 relative au renforcement de la sécurité sanitaire du médicament et des produits de santé, at https://www.legifrance.gouv.fr/affichTexte.do?cidTexte=JORFTEXT000025053440&categorieLien=id
Em detalhe sobre esta lei *vide* Rajot, 2012.

contra o produtor do medicamento que lhe causou o dano. Porém, nem sempre é fácil construir um processo bem sucedido segundo as regras da responsabilidade por facto ilícito, dado que vários dos seus requisitos, nomeadamente o da culpa, se revelam difíceis de provar em juízo. O lesado terá que demonstrar que o consumidor não se conformou com o padrão de comportamento do homem médio (bom pai de família) aquando do desenvolvimento e fabrico do medicamento. É certo que eventuais presunções judiciais de culpa poderão intervir para ajudar a prova dos elementos da responsabilidade civil, nomeadamente a presunção *res ipsa loquidur*[103]. Ou seja, se o consumidor-paciente sofreu um dano, cuja causa não poderá razoavelmente ter sido outra que não o facto de o medicamento usado ser defeituoso, os tribunais podem presumir a culpa do fabricante (sendo que na prática acabam muitas vezes por presumir igualmente o nexo causal e inclusivamente a ilicitude)[104]. Contudo, mesmo com esta ajuda adicional no que respeita à prova da culpa, ainda assim se pode revelar difícil demonstrar judicialmente a responsabilidade do produtor.

Para obviar a estas dificuldades a UE criou um regime de responsabilidade objectiva do produtor, que abstrai da culpa deste e que, nesta medida, facilita a concessão de uma indemnização ao consumidor-paciente lesado.

8.3. Limitações do regime plasmado na Directiva 85/374

Porém, o regime da Directiva 85/374 funciona sob algumas limitações.

Desde logo, não isenta por completo o lesado da dificuldade da prova. É certo que o produtor responde independentemente da sua culpa, pelo que o lesado apenas tem que fazer prova do dano, do defeito do produto e do nexo causal entre ambos. Porém, a prova deste último elemento pode revelar-se difícil nos casos em que o paciente tomou vários medicamentos distintos, dado que nem sempre será fácil identificar qual terá sido a causa do dano.

A isto acresce que nem todos os danos são indemnizáveis à luz da Directiva 85/374, mas apenas os referidos no seu artigo 9. Esta norma expressamente exclui danos não patrimoniais, embora não iniba um

[103] Sobre o funcionamento desta presunção e seus pressupostos *vide* Bullard González, 2005.

[104] Esta critica às presunções de culpa em Raposo, 2013b: 136-139.

pedido de indemnização por estes danos à luz de outros regimes jurídicos existentes nas respectivas leis nacionais.

Por outro lado, a Directiva 85/374 estabelece um limite temporal para o lesado reagir: apenas no prazo de 10 anos após a entrada em circulação do produto (artigo 11)[105], a não ser que durante esse período tenha já iniciado procedimentos judiciais contra o produtor; e não mais de 3 anos após o lesado ter tido conhecimento do dano, do defeito e do produtor, ou do momento em que razoavelmente deveria ter tido conhecimento destes dados (artigo 10/1)[106]. Este limite temporal pode revelar-se particularmente restritivo no caso de medicamentos, dado que algumas vezes as reacções adversas, pela sua raridade, só conseguem ser identificadas vários anos após a entrada em circulação do produto. Veja-se, por exemplo, o caso DES, que na Europa foi discutido sobretudo nos tribunais holandeses[107], relativo aos danos causados por uma substância (DES) que se destinava a evitar partos prematuros e que durante longos anos (dos anos 40 aos anos 80 do século passado) foi tomado por mulheres grávidas. Contudo, causou nos bebés femininos dessas gestantes problemas de fertilidade e risco acrescido de cancro cervical, danos estes apenas detectados nas gerações seguintes à das consumidoras que tomaram o medicamento. Esta imensa dilação temporal pode dificultar ou mesmo impedir o respeito pelos prazos estipulados na Directiva 85/374.

8.4. Uniformização da responsabilidade do produtor

No que respeita à matéria tratada pela Directiva 85/374 a uniformização pretende-se total, não restando aos Estados-membros espaço de manobra, excepto nos restritos pontos em que a própria Directiva admite que as legislações nacionais consagrem uma solução distinta (por exemplo, veja-se o artigo 15/1, alíneas a) e b), e o artigo 16 da Directiva). Em contrapartida, tratando-se de matérias não reguladas pela Directiva já se admite que as leis nacionais possam consagrar certas especificidades.

[105] Acórdão de 2 de Dezembro de 2009, *Aventis Pasteur*, C358/08, EU:C:2009:744.

[106] Claro está que se a acção for intentada com base na responsabilidade civil subjectiva não se aplicam estes limites, mas sim os limites gerais estabelecidos no Código Civil.

[107] Hoge Raad 9 October 1992, NJ 1994, 535, comm. note CJHB (*DES v Daughters*).

Esta questão foi discutida pelo TJUE no acórdão *Novo Nordisk Pharma contra S.*[108], a propósito da lei alemã relativa aos medicamentos, de 24 de agosto de 1976, (*Arzneimittelgesetz*, "'AMG"), cujo § 84a permite que o lesado seja informado sobre efeitos secundários e interacções resultantes de medicamentos que sejam do conhecimento da empresa farmacêutica. Uma vez que tal possibilidade não consta da Directiva questionou-se se tal seria admitido pelo regime imposto por esta a todos os Estados-membros. O TJUE considerou que a harmonização total apenas cobre as questões tratadas na Directiva e que tal direito à informação não consta da mesma, mas que tão-pouco se deve ter por esta proibido. O próprio artigo 13 da Directiva esclarece que "[a] presente directiva não prejudica os direitos que o lesado pode invocar nos termos do direito da responsabilidade contratual ou extracontratual ou nos termos de um regime especial de responsabilidade que exista no momento da notificação da presente directiva".[109] Claro que ainda assim haveria que aferir se o acesso a tais informações adicionais por parte do lesado não prejudica o equilíbrio de forças entre produtor e consumidor estabelecido pela Directiva 85/374. Porém, entendeu o TJUE que tal só sucederia se daqui decorresse uma diferente distribuição das regras do ónus da prova impostas pela Directiva, o que no caso não sucedia.

Apesar de os legisladores dos Estados-membros terem alguma margem de manobra na delineação do regime nacional a legislação interna que venham a instituir com base na Directiva 85/374 haverá sempre de ser interpretada com base no espírito da referida Directiva[110].

Outra nota importante, já reiterada pela TJUE, é que esta Directiva apenas fundamenta a responsabilidade do produtor, e não de qualquer

[108] Acórdão de 20 de Novembro de 2014, *Novo Nordisk Pharma*, C310/13, EU:C:2014:2385.

[109] Este artigo 13 não pode ser interpretado como permitindo aos Estados-membros criar um regime próprio de responsabilidade do produtor, mas apenas como uma autorização de existência de "um regime específico, limitado a um determinado sector de produção" (ponto 22 do Acórdão de 25 de Abril de 2002, *Comissão / França*, C-52/00, ECLI:EU:C:2002:252) e apenas na medida em que as suas disposições tenham por objectivo uma efectiva protecção do consumidor e que a sua existência preceda a da Directiva (ponto 29 das conclusões do Advogado-Geral L. A. Geelhoed, apresentadas em 18 de Setembro de 2001, em relação ao já referido processo C-52/00).

[110] Acórdão de 10 de Abril de 1984, *Von Colson e Kamann contra Land Nordrhein-Westfalen*, C- 14/83, EU:C:1984:153.

outro agente participante no facto lesivo (fornecedores, prescritores, utilizadores do medicamento), embora se permita que a responsabilidade destes coexista paralelamente à do produtor, desde que fundada num qualquer outro texto legal[111].

[111] Acórdão de 21 de Dezembro de 2011, *Dutrueux et Caisse primaire d'assurance maladie du Jura*, C-495/10, EU:C:2011:869.

Capítulo 9
O medicamento como produto defeituoso à luz da Directiva 85/374

9.1. O defeito como ausência de segurança

À luz da Directiva 85/374 o defeito do produto prende-se com a sua falta de segurança: "[u]m produto é defeituoso quando não oferece a segurança que se pode legitimamente esperar, tendo em conta todas as circunstâncias, tais como: a) A apresentação do produto; b) A utilização do produto que se pode razoavelmente esperar; c) O momento de entrada em circulação do produto" (artigo 6 da Directiva 85/374). Ou seja, é necessariamente uma questão de falta de segurança.

Este entendimento de defeito contrapõe-se a um outro entendimento, segundo o qual o defeito consiste na falta de aptidão para realizar os fins visados pelo produto, tal como ocorre nos artigos 913º e seguintes do Código Civil português (CC), no regime da Lei nº 24/96[112] e no regime do Decreto-Lei nº 67/2003[113]. À luz deste regime o defeito coincide com a falta de segurança do produto.

[112] Lei nº 24/96, de 31 de Julho, estabelece o regime legal aplicável à defesa dos consumidores.

[113] Decreto-Lei nº 67/2003, de 8 de Abril, que transpõe para a ordem jurídica nacional a Directiva nº 1999/44/CE, do Parlamento Europeu e do Conselho, de 25 de Maio, sobre certos aspectos da venda de bens de consumo e das garantias a ela relativas, e altera a Lei nº 24/96, de 31 de Julho

Porém, no caso dos medicamentos pode haver situações em que estas duas definições se sobrepõem. Por exemplo, pode suceder que a insegurança do medicamento lhe advenha precisamente do facto de ser ineficaz. Assim será quando o medicamento vise tratar o paciente de determinada patologia (suponha-se de uma infecção), mas não logre esse propósito, a patologia avance e acabe por causar a morte do paciente. Nesta hipótese o defeito do produto deriva e confunde-se com a sua falta de eficácia[114].

Noutros caso o medicamento pode ser considerado defeituoso embora tenha realizado o fim visado. Por exemplo, suponha-se que o medicamento tenha realizado o fim pretendido com a sua toma (aliviado os sintomas da gripe), mas causado ao consumidor-paciente um dano (causou-lhe uma embolia pulmonar). Neste caso teremos um produto que é eficaz – logo, em certo sentido não será defeituoso –, porém, defeituoso à luz da Directiva 85/374.

9.2. Tipos de defeitos abarcados pela Directiva 85/374

A Directiva 85/374 abarca defeitos de concepção, de fabrico e de informação. Em contrapartida, os chamados defeitos de desenvolvimento não são indemnizáveis à luz deste regime.

Tratar-se-á de um defeito de concepção (ou de desenho) quando se reporte à própria ideia que está na sua base, por exemplo, uma fórmula inadequada[115]. É um defeito de tal forma genético do produto que incide sobre todos os seus exemplares.

Aqui desponta uma nota curiosa que distingue os medicamentos de outros produtos. É que face a outros produtos é possível corrigir o desenho inicial e assim transformar em seguro um produto que era originariamente inseguro. Em contrapartida, quando o desenho original de um medicamento é alterado já não se pode dizer que continuamos perante o mesmo produto, porque na verdade será um produto diferente[116]. Logo, não se trata de uma correcção do defeito do produto, mas sim da criação de um novo produto.

[114] Em termos semelhantes, Silveira, 2010: 91 ss. e Raposo, 2013a: 4310-4311 (ainda que em relação a dispositivos médicos).

[115] Algumas notas sobre este defeito em Ramos González, 2005.

[116] Cfr. Dweck, 2014: 428.

Uma vez que os medicamentos são sempre, e por natureza, produtos intrinsecamente perigosos, mas ao mesmo tempo produtos necessários, a avaliação deste defeito terá que ter em consideração vários factores, tais como a gravidade e frequência do risco, o custo de alteração da concepção do medicamento e a existência de outros medicamentos no mercado destinados ao mesmo propósito terapêutico, em suma, terá que levar a cabo uma análise custo-benefício.

Em contrapartida, no defeito de fabrico o plano original está correcto, mas por via de uma falha na produção alguns produtos apresentam defeito (por exemplo, um lote de comprimidos foi contaminado). Dentro desta categoria pode autonomizar-se a subcategoria dos defeitos de embalagem, os quais resultam do empacotamento indevido do medicamento, seja porque foi erroneamente colocado numa embalagem com a identificação de outro medicamento, seja porque foi embalado de tal forma que propiciou a sua deterioração ou contaminação.

Os defeitos de informação prendem-se com a falta de informação fornecida aos consumidores quanto a aspectos relevantes para a sua segurança, nomeadamente a toma do produto, precauções, contra-indicações e riscos[117].

Nem todos estes defeitos implicam a retirada do medicamento do mercado. Tratando-se de um defeito de fabrico basta retirar os lotes defeituosos de circulação; tratando-se de um defeito de informação basta actualizar o RCM e os folhetos informativos que acompanham o medicamento. Em contrapartida, quando se trate de um defeito de concepção não resta senão retirar em bloco o produto do mercado.

O momento temporal relevante para a aferição do defeito é a "entrada em circulação" do produto, embora a Directiva 85/374 não defina o conteúdo deste conceito. Porém, algumas leis nacionais incluem esclarecimentos adicionais sobre esta questão. Por exemplo, a lei belga sobre responsabilidade por produtos defeituosos[118] refere no seu artigo 6 que a colocação em circulação se refere ao primeiro acto que demonstre a intenção do produtor de transferir para outrem o produto para que este realize o fim a que se destina[119].

117 Silva, 1999: 655 ss.

118 Loi relative à la responsabilité du fait des produits défectueux, 25 Fevrier 1991.

119 "Au sens de la présente loi, on entend par 'mise en circulation' le premier acte matérialisant l'intention du producteur de donner au produit l'affectation à laquelle il le destine par

9.3. A existência de uma AIM e a noção de defeito do medicamento

No panorama europeu o facto de o medicamento dispor de uma AIM em nada afecta a eventual responsabilidade do produtor, como decorre dos artigos 25[120] e 61(4)[121] da Directiva 2001/83.

Em contrapartida, nos EUA alguns Estados admitem que a empresa farmacêutica exclua a sua responsabilidade alegando o cumprimento das disposições aplicáveis no caso (*regulatory compliance)*, ou, numa versão mais moderada, admite-se a exclusão de danos punitivos (*punitive damages*) quando o medicamento tenha sido aprovado pela *Food and Drugs Administration* (FDA). Contudo, uma decisão do US *Supreme Court* de 2009, *Wyeth v. Levine,*[122] optou por outra via. A autora, a senhora Levine, fora tratada com uma injecção do medicamento Phernergan, fabricado pela farmacêutica Wyeth, o qual pode ser injectado por via intramuscular ou intravenosa por gotejamento. O médico que administrou o medicamento à paciente fê-lo por via intravenosa, mas seguindo um procedimento particular, que embora permita a absorção mais rápida do produto também acarreta mais riscos. Apesar de o medicamento ter sido administrado na veia da paciente, de alguma forma entrou numa artéria e o antebraço da paciente teve que ser amputado, dado tratar-se de um medicamento corrosivo e que causa gangrena se atingir uma artéria. A paciente processou a clinica que administrara o medicamento por danos e obteve a respectiva indemnização, mas processou igualmente a empresa farmacêutica, alegando que esta falhara em informar adequadamente sobre a forma correcta de administrar o produto. O rótulo do medicamento não continha suficiente informação sobre esse risco, pelo que parecia estar em causa um defeito de informação. Uma vez que o rótulo fora aprovado pela FDA, a farmacêutica invocou esse facto para

transfert à un tiers ou utilisation au profit de celui-ci".
Sobre este regime *vide* Delforge, 2015: 295-296.

[120] "A autorização não afecta a responsabilidade civil e criminal do fabricante e, eventualmente, do titular da autorização de introdução no mercado".

[121] "O facto de a autoridade competente não se opor à introdução do medicamento no mercado, nos termos do nº 2, ou à alteração da rotulagem ou da bula, nos termos do nº 3, não afecta a responsabilidade civil do fabricante nem do titular da autorização de introdução no mercado."

[122] *Wyeth v. Levine,* 129 S. Ct. 1187 (2009). Cfr. Choi & Lee, 2011: 691-692 e Field, 2009: 243-244.

excluir a sua responsabilidade, alegado que a aprovação da informação pela entidade competente para avaliar se o medicamento inclui ou não informação suficiente a protegia de eventuais responsabilidades por defeitos de informação. Em contrapartida, a lesada contra-alegou que os requisitos federais de rotulagem criam um «piso e não um teto» para a regulamentação estadual e fundado neste último argumento o *US Supreme Court* decidiu a favor da autora.

9.4. As expectativas do consumidor

Uma nota chave do regime desta Directiva são as expectativas do consumidor, tal como referido no artigo 6/1: a segurança do produto é aferida pelas expectativas do consumidor (*consumer expectation test*). É óbvio que não se pode exigir a um produto – muito menos a um medicamento, que é sempre intrinsecamente perigoso – uma segurança absoluta. De modo que esta será a segurança com que "legitimamente se pode contar".

O problema é que a norma não refere, nem a Directiva refere, quais as expectativas aqui tidas em vista. Tem sido ponto assente que não se trata das expectativas de uma pessoa concreta e individualizada (percepção subjectiva), mas as do homem médio (perspectiva objectiva)[123]. Mas de que homem médio falamos? Esta directiva destina-se a instituir um regime aplicável em varias jurisdições, tal como os produtos que visa regular são pensadas para circular em vários mercados[124]. Ora, as expectativas do consumidor alemão a respeito de determinado medicamento são provavelmente distintas das do consumidor português, até porque já antes da entrada em vigor desta Directiva a ordem jurídica alemã contava com uma lei sobre medicamentos e danos por este causados, o que obviamente torna as expectativas do consumidor-paciente alemão mais altas. Ou seja, a ideia base é atender às expectativas do público em geral[125], sendo certo que o público em geral não é um conceito homogéneo.

O defeito do medicamento é avaliado tendo em conta o comum dos consumidores a que se destina, o que é diferente do consumidor

[123] Sobre o homem médio no direito do consumo *vide* Preston, 1974 e Heymann, 2008.

[124] Dando conta desta questão, Ueffing, 2013: 392-393.

[125] Silva, 1999: 635.

comum, pois que neste caso há que ter em conta que aquele que procura o medicamento já padece à partida de alguma patologia que o diferencia do consumidor comum. A referência ao comum dos consumidores pretende expressar a ideia de que se o medicamento causou um dano a um consumidor em particular por este padecer de uma rara predisposição genética, que não é comum em pacientes consumidores daquele produto, e que por conseguinte o produtor não poderia antever, já não se pode dizer que o medicamento é defeituoso.

Além do mais, no que respeita aos medicamentos as expectativas do consumidor médio são em regra irrazoáveis, precisamente porque se trata de produtos altamente técnicos, ao passo que o consumidor-paciente é um leigo.

Uma nota curiosa é que as expectativas do consumidor – ideia basilar na qual a Directiva 85/374 funda o seu regime de responsabilidade objectiva – pode na verdade desvirtuar as intenções originárias da Directiva.

Por um lado, porque por via das expectativas do consumidor poderão ter-se introduzido na avaliação da responsabilidade do produtor considerações de culpa que minam a natureza objectiva da responsabilidade que se pretende impor. É que na verdade, confrontados com a dificuldade de definir o nível de segurança com que a comunidade de consumidores pode legitimamente esperar, parece sedutoramente mais fácil concatenar a gravidade do risco com o custo e o esforço implicado pelas medidas que teriam sido necessárias para o evitar. Logo, o produto será considerado defeituoso quando os seus riscos ultrapassem os seus benefícios e quando se conclua que tais riscos teriam podido ser evitados sem um esforço excessivo para a empresa farmacêutica[126]. Porém, esta linha de raciocínio não se compagina com a ideia original da Directiva, pois que a segurança com que o consumidor pode legitimamente contar certamente não se referia ao comportamento do fabricante em si mesmo, mas às qualidades do produto.

Por outro lado, se fundarmos o defeito na expectativa do consumidor será fácil modelar essa expectativa por via da informação providenciada. Ou seja, poderemos estar perante um medicamento claramente causador de reacções adversas graves, mas desde que a empresa farmacêutica

[126] Crítica de Ueffing, 2013: 394.

alerte para os mesmos nas instruções que acompanham o produto, então, este deixará de ser defeituoso, dado que aquilo que primeiramente era um defeito torna-se assim uma mera característica[127]. Aqui reside a grande falácia criada pela Directiva: o produtor pode, com a informação disponibilizada com o produto, "moldar" tais expectativas e assim limitar a sua responsabilidade. Mas a verdade é que não poderia ser de outro modo. A avaliação riscos/benefícios é feita pela autoridade do medicamento no momento em que pondera a concessão da AIM. Pode suceder que essa autoridade decida conceder a AIM, ainda que o medicamento apresente reacções adversas, tendo em consideração os enormes benefícios que dele podem resultar para o paciente. Cabe então a este, devidamente informado (daí a importância de uma informação detalhada na bula do medicamento) decidir se toma o não o medicamento. Mas, se assim for, este deixa de ser um produto defeituoso porque o consumidor poderia ter decidido não tomar o medicamento e não correr aquele risco (eventualmente correrá outros derivados da privação do medicamento).

Incentivados por algumas fragilidades apresentadas por este critério alguns autores têm vindo a sugerir o critério do desenho alternativo razoável (*reasonable alternative design*), não para substituir o critério anterior mas para o complementar[128]. Trata-se agora de averiguar se os riscos do medicamento poderiam ter sido evitados mediante um desenho alternativo que não implicasse um custo excessivo (logo, um custo razoável). Esta é uma solução acolhida no direito norte-americano, no *Restatement Second of Torts*, no que respeita a medicamentos não sujeitos a prescrição médica. De acordo com o par 2(b): "is defective in design when the foreseeable risks of harm posed by the product could have been reduced or avoided by the adoption of a reasonable alternative design by the seller or other distributor, or a predecessor in the commercial chain of distribution, and the omission of the alternative design renders the product not reasonably safe". Ou seja, existirá indemnização caso o consumidor consiga provar que o dano se teria evitado se o medicamento tivesse um outro desenho, cuja implementação não acarrete danos excessivos às pessoas envolvidas na produção e comercialização do produto. Curiosamente, no que respeita a medicamentos

[127] No mesmo sentido, Ueffing, 2013: 394.
[128] Por exemplo, Ramos González, 2005: 10 ss.

sujeitos a prescrição médica o critério de avaliação é outro. De acordo com o par. 6(c), "[a] prescription drug or medical device is not reasonably safe due to defective design if the foreseeable risks of harm posed by the drug or medical device are sufficiently great in relation to its foreseeable therapeutic benefits that reasonable health-care providers, knowing of such foreseeable risks and therapeutic benefits, would not prescribe the drug or medical device for any class of patients". A esta luz só será considerado defeituoso aquele medicamento que, atentos aos seus riscos e benefícios, um médico razoável e informado não prescreveria a um paciente (critério do médico razoável – *reasonable physician standard*)[129]. Contudo, este critério poderá redundar numa autêntica imunidade para os laboratórios farmacêuticos, dado que desde que o medicamento tenha obtido a respectiva AIM por parte da autoridade competente é legítimo pensar que um médico razoável prescreveria o medicamento[130]. Ou seja, a AIM pode funcionar como critério orientador da prescrição médica e como barreira protectora para a produção farmacêutica.

[129] Sobre este critério, Ramos González, 2005: 10 ss.
[130] Também assim, Parra Lucán, 2014: 16.

Capítulo 10
A causalidade no âmbito da responsabilidade objectiva do produtor

10.1. Prova do nexo causal

A prova judicial da causalidade tem-se revelado uma das mais difíceis em sede de responsabilidade do produtor, dado que o regime de responsabilidade objectiva apenas permite abstrair da culpa do agente, não do nexo causal, sem sequer prever presunções de causalidade. Ou seja, "cabe ao lesado a prova do dano, do defeito e do nexo causal entre o defeito e o dano" (artigo 4 da Directiva 85/374).

Alguns autores, como Berry[131], sugerem uma presunção de causalidade para fazer face a esta dificuldade. Durante a preparação da Directiva foi de facto apresentada a proposta de consagrar uma presunção de causalidade, mas a mesma acabou por ser recusada. A isto acresce que tais presunções são desconhecidas de algumas jurisdições. Por exemplo, o direito português apenas conhece presunções de culpa, não de causalidade, muito embora das presunções de culpa derive na prática uma presunção de causalidade, que acaba por ser frequentemente aplicada pelos tribunais[132].

[131] Berry, 2013.

[132] Sobre as presunções de causalidade no direito nacional, Raposo, 2013b:138-139.

O TJUE tem apreciado vários caso sobre a prova do nexo causal em sede de responsabilidade do produtor relacionada com produtos farmacêuticos. Um dos mais recentes refere-se ao processo C621/15[133], relativo a um paciente que fora vacinado contra a hepatite B em 1998 e 1999, tendo passado pouco tempo começado a apresentar sintomas de esclerose múltipla, vindo finalmente a falecer em 2011. No seguimento da sua morte os familiares intentaram uma acção contra a empresa produtora da vacina, a Sanofi Pasteur, alegando que a esclerose múltipla fora causada pela vacina e invocando uma regra do direito francês (a jurisdição de origem) que permite presumir a existência de um nexo causal quando uma doença se revele logo após a administração de certo medicamento e não existam antecedentes familiares que forneçam outra razão explicativa para a doença em causa (isto não obstante a investigação médica não ter estabelecido qualquer relação entre a vacinação e o aparecimento desta doença, questão de que trataremos no capítulo seguinte). Esta regra resulta essencialmente da jurisprudência da *Cour de Cassation*, segundo a qual existência de "présomptions, graves, précises et concordantes" permite concluir pela existência do nexo causal. Ou seja, a Corte de Cassação francesa tem feito funcionar uma presunção de causalidade na ausência de outras causas habituais que possam explicar o dano e desde que se verifique proximidade temporal entre a toma do medicamento e o dano[134].

Antes de mais cumpre esclarecer que o termo "presunção" não é entendido da mesma forma em todas as jurisdições pertencentes à UE. No caso do ordenamento jurídico francês (aliás, numa acepção muito próxima daquela que vingou no ordenamento jurídico português) o termo refere-se a um raciocínio que permite deduzir um determinado facto (e dá-lo como provado) a partir de um outro facto que as partes conseguem demonstrar em tribunal[135].

[133] Acórdão de 21 de junho de 2017, C621/15, *W e Outros*, ECLI:EU:C:2017:484.

[134] Veja-se, por exemplo, a decisão da *Cour de Cassation* de 26 setembro 2012, n. 11-17.738, também a propósito do dano eventualmente causado por uma vacina.

[135] *Lexique des termes juridiques 20152016*, Guinchard, S., Debard, T. (dir.), 23.ª edição, Dalloz, 2015, Paris: "Mode de raisonnement juridique en vertu duquel de l'établissement d'un fait on induit un autre fait qui n'est pas prouvé. La présomption est dite de l'homme (ou du juge) lorsque le magistrat tient luimême et en toute liberté ce raisonnement par induction, pour un cas particulier; elle n'est admise que lorque la preuve par témoins est autorisée.

A questão foi inicialmente apreciada pela *Cour de Cassation* francesa e foi este tribunal que pediu a intervenção do TJUE para que este se pronunciasse sobre a questão de saber se estas presunções aceites na ordem jurídica francesa são compatíveis com a Directiva 85/374.

A questão coloca-se porque a Directiva 85/374 muito claramente estipula, no seu artigo, 4, que "cabe ao lesado a prova do dano, do defeito e do nexo causal entre o defeito e o dano", sendo que o propósito subjacente a esta regulamentação é o de harmonizar entre os Estados-membros as matérias incluídas no seu âmbito de regulamentação. Ou seja, aparte pontos específicos identificados na própria Directiva (artigo 15/1), os Estados-membros não se podem afastar do regime aí estipulado. Assim, em matéria de prova cada Estado-membro pode determinar quais os meios de prova admissíveis ou os princípios que norteiam a respectiva apreciação, até porque a Directiva não determina o tipo de prova exigido para se darem por demonstrados os elementos que constituem a responsabilidade do produtor (ou seja, a Directiva não enumera particulares meios de prova admissíveis, nem atribui determinada força probatória concreta a certos meios de prova, nem tão-pouco exclui nenhum meio de prova). Em contrapartida, não parece que se possa inverter o ónus da prova sem com isso contrariar a Directiva[136].

Contudo, no caso C621/15 o TJUE concluiu (no seguimento da opinião manifestada pelo Advogado-Geral) não existir propriamente uma inversão do ónus da prova, uma vez que o lesado mantem o encargo de provar os indícios (os quais devem ser suficientemente fortes, precisos e concordantes) da responsabilidade do produtor, a partir dos quais cabe então ao juiz fazer (ou não) funcionar a referir presunção. Aliás, e como sublinhado pelo TJUE, sem o auxilio de uma tal presunção poderia em

La présomption est légale, c'estàdire instaurée de manière générale, lorsque le législateur tire lui-même d'un fait établi un autre fait dont la preuve n'est pas apportée. La présomption légale est simple lorsqu'elle peut être combattue par la preuve du contraire. Lorsque la présomption ne peut être renversée, elle est dite irréfragable ou absolue. Les présomptions simples sont dites également juris tantum, les présomptions irréfragables sont désignées parfois par l'expression latine juris et de jure. On qualifie de présomption mixte la présomption dont la preuve contraire est réglementée par le législateur, qui restreint les moyens de preuve ou l'objet de la preuve", *apud* Conclusões do Advogado Geral Michal Bobek, apresentadas em 7 de março de 2017 no processo C621/15, *W e Outros,* ECLI:EU:C:2017:484.

136 Uma ideia já referida no Acórdão de 20 de Novembro de 2014, *Novo Nordisk Pharma*, C-310/13, EU:C:2014:2385 (ponto 28).

certos casos vir a revelar-se muito difícil ao lesado fazer prova dos elementos que constituem a responsabilidade do produtor, o que violaria o princípio da justa repartição de riscos entre lesado e produtor[137] que preside à Directiva[138].

10.2. O relevo das provas científicas na avaliação da causalidade

Uma questão igualmente discutida no processo C621/15, em particular nas conclusões do Advogado-Geral, foi a de saber em que medida as conclusões da investigação científica devem ser consideradas para a procedência da acção. De acordo com o TJUE (ponto 31 do acórdão) "tal grau de exigência probatória, que corresponderia a excluir todos os meios de prova que não a prova inequívoca resultante da investigação médica, teria como efeito, como salientou o advogadogeral no nº 45 das suas conclusões, tornar, num número significativo de situações, excessivamente difícil ou impossível estabelecer a responsabilidade do produtor, comprometendo, deste modo, o efeito útil do artigo 1º da Directiva 85/374, quando, como acontece no caso em apreço, fosse pacífico que a investigação médica não permitia estabelecer nem infirmar a existência desse nexo causal". Considerou-se que se tivesse sido intenção do legislador europeu atribuir este poder à investigação médica teria incluído semelhante ressalva no artigo 7 da Directiva, em termos semelhantes ao que ocorre na respectiva alínea e), que estipula que a responsabilidade do produtor pode ser excluída se se provar que à data da entrada em circulação do produto não é possível concluir cientificamente pela existência do defeito. Na ausência de tal ressalva entendeu-se que a pretensão do demandante não poderia ser rejeitada pelo simples facto de a investigação médica não fornecer provas quanto ao nexo causal entre a toma da vacina e o dano.

Ou seja, foram considerados meios de prova relevante a proximidade temporal entre a toma da vacina e o aparecimento dos sintomas, por um lado; e o facto de a vítima não ter quaisquer antecedentes familiares com a doença, por outro lado. Em contrapartida, a inexistência de

[137] Este é igualmente um princípio básico do direito da UE. *Vide* o artigo 12 do TFUE, aplicável de forma transversal: "As exigências em matéria de defesa dos consumidores serão tomadas em conta na definição e execução das demais políticas e ações da União".

[138] Acórdão de 21 de Junho de 2017 , *W e Outros,* C621/15, EU:C:2017:484.

provas científicas que atestassem que a vacina não poderia ser causa desta consequência (a doença) não foi considerada prova relevante.

Esta parte em particular da decisão tem suscitado vivas críticas da doutrina[139]. A base de tais críticas funda-se no facto de o tribunal dar mais importância a elementos circunstanciais relativos ao caso concreto, que em bom rigor não providenciam qualquer tipo de explicação geral de cariz científico, do que a provas concretas e rigorosas providenciadas pela ciência[140].

Curiosamente, o TJUE afirmou que a ciência era inconclusiva porque não confirmava nem infirmava a relação causal entre a vacina e a doença, mas na verdade os dados científicos existentes não podem ser lidos desta forma, mas sim como não tendo a ciência até ao momento encontrado qualquer prova que indique que a doença é causada pela vacina[141]. Esta conclusão científica é corroborada pelas posições adoptadas por várias instituições nacionais e internacionais que têm como propósito a preservação da saúde pública e que continuam a aconselhar a toma desta vacina nas suas políticas e *guidelines*, sendo a OMS um dos melhores exemplos a este respeito[142]. Mal se compreende que o tribunal atribua maior força persuasiva ao caso particular de um concreto paciente, que contraiu a esclerose múltipla após a toma da vacina, e descarte os resultados – em sentido contrário – fornecidos por métodos científicos com base em estudos com milhares de participantes.

10.3. Identificação do medicamento que originou o dano

Nem sempre é fácil identificar o concreto medicamento que causou o dano ao paciente, especialmente quando o paciente usou vários medi-

139 *Vide* Smillie, Eccleston-Turner, Cooper, 2018.

140 "...the court appears to be indifferent to the manner in which the scientific evidence regarding the safety of the vaccine was created, and the legitimacy the scientific method lends the results it creates (...) The CJEU's approach to these competing bodies of evidence undermines the role of science in the court process" (Smillie, Eccleston-Turner, Cooper, 2018).

141 É certo que alguns estudos apontam para a existência de uma conexão e outros apresentam resultados inconclusivos, mas a grande maioria dos estudos existentes aponta para a ausência de qualquer ligação entre ambos. Cf. Smillie, Eccleston-Turner, Cooper, 2018.

142 WHO, s.d.

camentos ou várias versões do mesmo medicamento provenientes de diversos laboratórios farmacêuticos[143].

Um dos casos mais complexos neste ensejo prende-se com a substância Diethylstilbestrol (DES). Trata-se de uma hormona sintética presente na composição de dois medicamentos prescritos às mulheres grávidas entre 1940 e 1980, o Distilbène e o Stilboestrol, produzidos por fabricantes distintos. Porém, veio a revelar-se que causava sérios danos, não apenas às filhas destas mulheres como inclusivamente às suas netas, causando graves tumores vaginais e problemas de infertilidade. A dificuldade residia em apurar qual dos dois laboratórios havia produzido o concreto medicamento causador do dano.

No ordenamento estadunidense a questão da dificuldade da prova da causalidade e da consequente dificuldade de identificação do produto lesivo tem sido resolvida com apelo à teoria da *market-share liability*[144]. Trata-se de aferir qual a quota de mercado detida por cada um dos produtores dos produtos que são apontados como potenciais causas do dano (ou seja, não todos os produtos desse tipo que existem no mercado, mas tão-só aqueles com os quais o consumidor-paciente teve efectivo contacto[145]) e usar essa quota como critério. Serão esses os responsabilizados pela indemnização, sendo o exacto valor a pagar por cada um deles determinado de acordo com o volume da respectiva quota de mercado, com base na pressuposição de que quanto maior for a quota de mercado controlada por cada produto maior será a probabilidade de ter sido esse a causa do dano. Esta teoria foi usada no caso *Sindell v. Abbot Laboratories*[146] para permitir aos lesados obter uma indemnização em virtude dos danos provocados pela referida substância DES, não obstante não ser possível aos lesados identificar o concreto produto (logo, o concreto fabricante) causador do dano.

O sucesso da *market-share liability* nos tribunais norte-americanos não impressionou nem os tribunais nem a doutrina europeia, com receio que

[143] Sobre esta questão, Berry, 2013: 7 ss.

[144] Sobre esta doutrina Center For Legal Policy at the Manhattan Institute American Tort Reform Foundation U.S. Chamber Institute For Legal Reform, 2001; Silva, 1999: 579-587; Silveira 2010: 192-200.

[145] Logo, se o medicamento foi sempre adquirido na mesma farmácia o leque dos potenciais causadores restringir-se-á às marcas comercializadas por essa farmácia.

[146] *Sindell v. Abbott Laboratories*, 26 Cal. 3d 588 (1980).

semelhante raciocínio acabasse por responsabilizar produtores completamente alheios ao dano[147].

Também em Portugal esta teoria tem sido rejeitada[148]. Em alternativa tem-se sugerido a aplicação da presunção de causalidade derivada da chamada prova de primeira aparência[149]. Trata-se de uma presunção de culpa fundada no normal acontecer dos factos, cuja relevância extravassa por vezes o campo da culpa e passa para o domínio da caudalidade, permitindo presumir nexos causais de incerta demonstração judicial[150]. À luz deste entendimento o lesado não terá que identificar o efectivo e real produto (e produtor) causador do dano, mas tão-só aquele (ou aqueles) que segundo as regras da probabilidade parece uma causa verosímil. De seguida caberá a este fazer prova de que o dano não resultou do seu produto, mas sim de uma outra causa, com base na formulação negativa da teoria da causalidade adequada, de acordo com a qual o facto que actuou como condição do dano deixa de ser considerado como causa adequada quando para a sua produção tiverem contribuído decisivamente circunstâncias anormais, atípicas, excepcionais, extraordinárias ou anómalas.

Outra hipótese para contornar as dificuldades de prova suscitadas pela demonstração da causalidade em juízo consiste em reduzir a exigência imposta ao lesado para este efeito. Como já referimos, "esta interpretação nem sequer atenta contra a letra do artigo 563º do CC, ao estipular que a obrigação de indemnização só existe 'em relação aos

[147] Comissão Europeia, Relatório da Comissão sobre a aplicação da Diretiva 85/374 em matéria de responsabilidade decorrente de produtos defeituosos, Bruxelas, 31.01.2001, COM (2000) 893 final.

[148] Por exemplo, por Silva, 1999: 579-587.

[149] Silva, 1999: 712-713.

[150] Sumário do acórdão do Tribunal da Relação do Porto, processo nº 9120484, de 19 de Dezembro de 1991: "1 – Ao lado da prova suficiente, que forma a plena convicção do juiz, existe a prova de primeira aparência ou "prima facie" que não produz a plena convicção do juiz, mas em que o menor grau de probabilidade e ainda bastante para obrigar o adversário a contraprova; 2 – Tal prova insere-se nas presunções naturais ou judiciais, simples ou de experiencia, que se incluem no art. 349, C. Civil e a que se reporta o art. 351 do mesmo diploma; 3 – A suficiência dessa prova de primeira aparência ou " prima facie "tem sido afirmada sobretudo no âmbito da prova da culpa, mas, muito raramente, pela própria natureza das coisas no domínio da causalidade, já que esta depende apenas de circunstâncias objectivas, em regra directamente verificáveis."

danos que o lesado provavelmente não teria sofrido se não fosse a lesão'. Repare-se como a norma refere apenas critérios de probabilidade e não de efectividade. Assim, haverá de bastar a probabilidade de o defeito do produto ser a causa do dano, ao invés de exigir a pura certeza, dificilmente atingível no campo do direito, como aliás reconheceu o legislador no artigo 563º do CC"[151].

[151] Raposo, 2013a: 4315.

Capítulo 11
Factores excludentes da responsabilidade da empresa farmacêutica

11.1. O Artigo 7 da Directiva 85/374

O artigo 7 da Directiva 85/374 elenca as situações que justificam a exclusão da responsabilidade do produtor. À luz da referida norma este pode alegar:

a) Que não colocou o produto em circulação no mercado;
b) Que o defeito é superveniente à data da entrada em circulação do produto;
c) Que o produto não foi produzido no âmbito de um actividade profissional ou de qualquer outro tipo de actividade lucrativa;
d) Que o defeito, embora existente, se deve ao respeito por normas de cumprimento obrigatório para o produtor;
e) Que o defeito não era apreensível no momento da entrada em circulação do produto com base nos conhecimentos científicos e técnicos então existentes;
f) Que o defeito se deve à forma como o produto no seu todo foi criado, sendo que no caso o produtor apenas fabricou um dos seus elementos componentes.

Em contrapartida, o facto de o dano ter resultado de negligência do médico juntamente com um efectivo defeito do produto não afasta a responsabilidade do produtor, como resulta do artigo 8/1 da Directiva.

Analisemos de seguida as principais causas que permitem afastar a responsabilidade da empresa farmacêutica.

11.1.1. *Produto fora do circuito comercial*

A primeira circunstância que de acordo com a Directiva pode afastar a responsabilidade do produtor é o facto de o produto não estar ainda no mercado, ou, estando já a ser comercializado, não ter este facto dependido da vontade do produtor, mas sim de razões que lhe são estranhas.

O TJUE tem um entendimento restrito desta exclusão. Por exemplo, num das suas decisões[152] o TJUE apreciou o caso em que um órgão humano que estava a ser preparado num hospital para transplante num paciente foi irremediavelmente danificado por um líquido usado para para o limpar, tornando-o inutilizável. O referido liquido fora preparado no laboratório da farmácia de outro hospital, ambos pertencentes à mesma sociedade gestora. Foi invocado que o líquido não poderia ser considerado um produto fabricado para circulação comercial, dado que ambos os hospitais eram financiados apenas por fundos públicos e que a disponibilização do produto não era feita a troco de uma contrapartida económica, tanto mais que o seu custo nem sequer era cobrado ao paciente. Mas o TJUE concluiu que esta exclusão de responsabilidade apenas se aplica aos casos em que o produto foi comercializado contra a vontade do produtor[153], o que não sucedia no caso.

Um exemplo desta exclusão de responsabilidade é o chamado uso compassivo. Desde logo, seria forçado dizer que o medicamento disponibilizado nestes termos foi efectivamente colocado em circulação. Por outro lado, e ainda que assim se entenda, não foi o produtor que o colocou em circulação. Uma vez que a empresa farmacêutica é obrigada a conceder o medicamento aos pacientes quando se verifiquem os requisitos legalmente estipulados, não se pode dizer que tal tenha dependido de um acto voluntário seu. Além disso, nem sequer o pro-

[152] Acórdão de 10 de Maio de 2001, *Veedfald*, C-203/99, EU:C:2001:258.

[153] O acordão apenas refere expressamente "as utilizações do produto contra a vontade do produtor" (ponto 16), mas cremos que o mesmo deverá valer para os casos de comercialização alheia à vontade do produtor. Ou seja, não deverá ser necessário que o produtor se manifeste contra a comercialização do produto, até porque poderá não estar ciente da mesma, mas apenas que na base da comercialização não esteja uma vontade do produtor.

duto pode ser livremente adquirido pelos consumidores-pacientes, uma vez que apenas pode ser utilizado por consumidores restritos, dentro de limitados requisitos. Seria inclusivamente difícil aplicar aqui o critério da expectativa do consumidor para efeitos de aferir a segurança do produto, pois se o medicamento ainda está em fase de aprovação não se vê como possam sequer existir expectativas credíveis de segurança em relação a ele.

11.1.2. *Defeito de ocorrência superveniente*

Uma das linhas de defesa abertas à empresa farmacêutica consiste em provar que o produto apenas se tornou defeituoso depois da sua entrada em circulação no mercado, num momento em que já não estava sob o controlo do produtor. Por exemplo, suponha-se um lote de medicamentos que teve as suas propriedades alteradas devido às condições em que foram armazenados no hospital. Quando a entrada em circulação do produto se processe por meio de lotes sucessivos deve-se ter em conta o momento da entrada em circulação de cada específico lote ou exemplar[154].

11.1.3. *Produto não fabricado por actividade professional ou lucrativa*

O produtor não sera responsabilidade à luz deste regime caso não tenha faricado o produto no contexto de uma actividade profissional ou de qualquer forma considerada lucrativa.

Contudo, não será necessário que o consumidor-paciente pague efectivamente o custo do produto para que se considere que a actividade do produtor é lucativa[155]. Por exemplo, tratando-se de um medicamento subsidiado na íntegra pelo Serviço Nacional de Saúde, ao consumidor-paciente não será cobrado o seu custo, mas sem que isso exclua o carácter lucrativo da actividade da empresa farmacêutica.

11.1.4. *Respeito por normas de cumprimento obrigatório*

O produtor pode igualmente excluir a sua responsabilidade se provar que o defeito do produto deriva – em termos de causalidade – da sua conformidade com normas imperativas (artigo 7/d da Directiva 85/374).

[154] Neste sentido, Delforge, 2015: 296.
[155] Acórdão de 10 de Maio de 2001, *Veedfald*, C-203/99, EU:C:2001:258.

A exclusão de responsabilidade permitida por esta norma deve ser entendida em termos restritos. Com efeito, na maior parte das vezes o legislador apenas determina requisitos mínimos de conformidade dos produtos, mas o produtor pode e deve ir mais além. Logo, o mero facto de o produtor ter respeitado as exigências (mínimas) impostas por lei não garante a segurança do produto nem permite excluir a sua responsabilidade.

Embora esta norma apenas refira "conformidade do produto com normas imperativas estabelecidas pelas autoridades públicas", considera-se que o mesmo vale para a conformidade do produto com decisões de autoridades públicas, nomeadamente com decisões das competentes autoridades do medicamento. Por exemplo, dado que o folheto informativo é parte integrante da AIM, a inclusão de novos riscos no folheto requer aprovação das autoridades competentes. Ora, estas autoridades podem não admitir a inclusão de riscos referentes a usos off-label com receio de que tal inclusão acabe por promover os ditos usos. Porém, se neste caso a empresa farmacêutica for impedida de incluir no folheto informativo novos riscos entretanto detectados não poderá ser responsabilizada por defeito de informação.

11.1.5. *Riscos de desenvolvimento*

Uma das mais importantes defesas deixadas em aberto pela Directiva 85/374 diz respeito aos chamados riscos de desenvolvimento: "O produtor não é responsável nos termos da presente directiva se provar (...) Que o estado dos conhecimentos científicos e técnicos no momento da colocação em circulação do produto não lhe permitiu detectar a existência do defeito" (artigo 7/3 da Directiva 85/374).

O legislador europeu admite a possibilidade que esta exclusão de responsabilidade possa ser afastada pelos legisladores nacionais (artigo 15/1/b da Directiva 85/374), como de facto sucedeu em alguns Estados-membros. Assim, o Luxemburgo e a Finlândia excluíram por completo a defesa do produtor por defeitos de desenvolvimento; a Espanha excluiu esta defesa em relação a produtos medicinais e alimentos para consumo humano; a França excluiu-a para produtos derivados do corpo humano (sangue, por exemplo). Em qualquer destes casos as empresas farmacêuticas serão responsabilizadas por defeitos que o produto venha a apresentar, ainda que não fosse possível detectar tais defeitos à data da comercialização do medicamento.

11.2. A existência de uma AIM como factor excludente da responsabilidade do produtor

O mero facto de o medicamento ter sido autorizado a circular (ou seja, de lhe ter sido concedida uma AIM), não exclui a responsabilidade do produtor, dado que a AIM não é um selo de garantia da segurança do produto.

Já nos anos 80 do século passado o *Hoge Raad,* o mais alto tribunal holandês, concluiu que a existência de uma AIM não exclui a responsabilidade do produtor, embora possa ser tida em consideração, juntamente com outros elementos, na avaliação do defeito do medicamento[156].

Alguns anos mais tarde, um tribunal espanhol pareceu abrir a porta a esta defesa. O lesado era um paciente que alegava ter contraído a síndrome de Guillain-Barré em virtude da toma de um medicamento. O tribunal entendeu que o autor da acção não conseguira provar a existência de um nexo causal entre a toma do medicamento e a sua patologia e por conseguinte rejeitou a pretensão indemnizatória. Na sua decisão afirmou ainda que o facto de o medicamento ter logrado obter uma AIM era um indício de ausência de defeito[157], uma conclusão que, se houvesse singrado, poderia ter alterado o rumo da responsabilidade das empresas farmacêuticas.

Sucede, porém, que a questão vem expressamente resolvida na Directiva 2001/83, cujo artigo 25 determina que "[a] autorização não afecta a responsabilidade civil e criminal do fabricante e, eventualmente, do titular da autorização de introdução no mercado"; e cujo artigo 61(4) estipula que "[o] facto de a autoridade competente não se opor à introdução do medicamento no mercado, nos termos do nº 2, ou à alteração da rotulagem ou da bula, nos termos do nº 3, não afecta a responsabilidade civil do fabricante nem do titular da autorização de introdução no mercado". O mesmo sentido resulta do artigo 15 do Regulamento 726/2004: "A concessão da autorização não afecta a res-

[156] HR 30 June 1989, NJ 1990, 652.

[157] SSAP de Orense, decisão de 06.04.99 (Seuba Torreblanca, Ramos González, Piñeiro Salguero, et al., 2003: 24 e Silveira, 2010: 21).

ponsabilidade civil ou penal do fabricante ou do titular da autorização de introdução no mercado de acordo com o direito nacional em vigor nos Estados-Membros."

Esta solução foi reforçada com as alterações operadas no artigo 5 da Directiva 2001/83 pela Directiva 2004/27/CE[158], que introduziu um nº 3 ("Sem prejuízo do disposto no nº 1, os Estados-Membros estabelecem disposições destinadas a assegurar que os titulares da autorização de introdução no mercado, os fabricantes e os profissionais de saúde não fiquem sujeitos a responsabilidade civil e administrativa por todas as consequências resultantes da utilização de um medicamento que não respeite as indicações autorizadas ou da utilização de um medicamento não autorizado, quando tal utilização seja recomendada ou exigida por uma autoridade competente em resposta à suspeita ou à confirmação da dispersão de agentes patogénicos, toxinas, substâncias químicas ou radiação nuclear susceptíveis de causar efeitos nocivos. Estas disposições aplicam-se quer tenha sido, ou não, concedida uma autorização nacional ou comunitária") e um nº 4 ("A responsabilidade decorrente dos produtos defeituosos, tal como estabelecida na Directiva 85/374/ /CEE do Conselho, de 25 de Julho de 1985, relativa à aproximação das disposições legislativas, regulamentares e administrativas dos Estados-Membros em matéria de responsabilidade decorrente dos produtos defeituosos, não é afectada pelo nº 3") nesta norma.

Também o artigo 14/5 do nosso Estatuto do Medicamento comina uma regra semelhante: "A concessão de uma autorização não prejudica a responsabilidade, civil ou criminal, do titular da autorização de introdução no mercado ou do fabricante".

11.3. A conduta do paciente ou de terceiros como factor excludente da responsabilidade do produtor

Pode suceder que a conduta do próprio lesado tenha contribuído para o dano, seja porque o consumidor-paciente não conservou o medicamento tal como cominado nas instruções que acompanham o produto (por exemplo, deixou-o num local húmido e quente demasiado tempo),

[158] Directiva 2004/27/CE do Parlamento Europeu e do Conselho de 31 de Março de 2004 que altera a Directiva 2001/83/CE que estabelece um código comunitário relativo aos medicamentos para uso humano.

ou porque o não tomou de acordo com as indicações (tomou 4 comprimidos por dia ao invés dos 2 recomendados), ou ainda porque paciente decidiu misturar o produto com álcool ou drogas. Quando tal suceda a Directiva 85/374 permite a redução do montante indemnizatório ou mesmo a sua total exclusão (artigo 8/2 da Directiva)[159], ainda que paralelamente à conduta do lesado se verifique um efectivo defeito do medicamento.

Em contrapartida, se para o dano tiver concorrido a conduta de um terceiro que não o lesado este factor será irrelevante para o montante da indemnização que caiba ao produtor pagar (artigo 8/1 da Directiva). Suponha-se, por exemplo, que um medicamento já de si defeituoso é erradamente prescrito pelo médico (que o receita numa dose mais elevada do que a recomendada nas indicações do produto) e por via disso o paciente sofre um dano; ou então que o farmacêutico que disponibilizou o medicamento deu instruções pouco precisas quanto ao seu uso. Em qualquer dos casos a responsabilidade da empresa farmacêutica não será afastada pela actuação destes agentes[160] e na verdade o consumidor-paciente poderá apresentar diferentes pedidos de compensação aos diversos agentes envolvidos.

[159] Note-se, porém, que de acordo com a Directiva a redução ou exclusão da responsabilidade do produtor nestes cenários é uma possibilidade, não uma obrigação. Advogando que deveria ser uma obrigação, Hunter & Bergkamp, 2001: 414.

[160] Pode é suceder que a responsabilidade do médico seja afastada pela actuação da empresa farmacêutica. Assim sucederá quando o médico prescreve uma dose letal do medicamento porque tal é permitido pela informação que acompanha o produto, em virtude de um erro de informação.

Capítulo 12
Informação do produto e defeito de informação

12.1. Informação a providenciar pela empresa farmacêutica

12.1.1. *O conteúdo da informação a providenciar*

Os deveres de informação da empresa farmacêutica são aqueles que cabem a qualquer produtor, eventualmente acrescidos por via das particularidades do produto. Tal informação destina-se a dois objectivos principais: por um lado, informar o consumidor-paciente dos riscos envolvidos (mesmo durante a toma normal do medicamento), para que este possa tomar uma decisão informada sobre se vai ou não usar o produto; por outro lado, indicar-lhe a forma de usar o medicamento e as precauções a tomar, para que este não incorra em riscos acrescidos. Se o consumidor usar o medicamento em desconformidade com as instruções que lhe foram fornecidas fica excluída a responsabilidade do fabricante por qualquer dano assim causado.

No caso particular dos medicamentos a importância da informação vem plasmada na consideração 40 da Directiva 2001/83 ("As disposições relativas à informação dos doentes devem garantir um elevado nível de protecção dos consumidores, por forma a possibilitar a utilização correcta dos medicamentos, com base numa informação completa e compreensível") e reiterada pelo respectivo artigo 23(3) ("O titular da autorização de introdução no mercado deve assegurar que as informações do medicamento se mantenham actualizadas em relação aos conhecimentos científicos mais recentes e incluam as conclusões da avaliação e as recomendações publicadas no portal europeu sobre medicamentos, criado na Web nos termos do artigo 26 do Regulamento (CE) 726/2004").

Obviamente que este dever de informar está limitado pelo estado da arte e pelos conhecimentos científicos existentes, pois que a empresa não pode alertar os consumidores-pacientes para perigos que não poderiam ser detectados à data em que o produto é lançado no mercado[161] (uma reminiscência da exclusão da indemnização por defeitos de desenvolvimento).

Uma informação completa e rigorosa acaba por ser a melhor protecção da empresa farmacêutica. Tal informação pode ser incluída seja no RCM seja no folheto informativo. Mas não se descura que a informação possa ser prestada directamente aos profissionais de saúde, por via de *press releases* ou de informações incluidas no *website* da empresa[162], sem prejuízo de se manter a paralela obrigação de a empresa farmacêutica informar o consumidor-paciente.

Por mais completa que seja a informação, tal não previne todos os danos. Desde logo, a iliteracia de muitos pacientes impede-os de compreender cabalmente a informação escrita que acompanha o medicamento[163]. Daí que para além de informação textual pode igualmente ser útil recorrer a informação pictórica ou a símbolos, sobretudo importantes para consumidores iletrados ou que não dominam a língua utilizada pelo folheto informativo.

O elemento mais relevante da informação acerca das características de um medicamento é o RCM, isto é, um documento legal que faz parte da AIM e que serve de base informativa quanto à forma como o medicamento deve ser usado. A sua importância revela-se desde logo pelo facto de fazer parte do processo de aprovação do medicamento (motivo pelo qual não pode ser alterado sem a concordância da entidade aprovadora). Logo, inclui a informação mais objectiva e abrangente sobre o produto. É neste RCM que os profissionais de saúde se apoiam na sua actividade de prescrição e é também o RCM que serve de base à redacção do rótulo do medicamento e do folheto informativo que o acompanha.

[161] Silva, 1999: 660.
[162] L'Ecluse, Longeval e T'Syen, 2013.
[163] Shrank and Avorn, 2007.

Ao contrário do que sucede com a maior parte dos produtos, no caso de medicamentos intervêm em regra um ou mais intermediários entre o produtor e o consumidor – o médico e/ou o farmacêutico – o que por sua vez suscita a questão de eventuais deveres de informação impostos a estes *players*.

O médico tem sido o principal onerado com tais deveres. A chamada *learned intermediary doctrine*, muito arreigada nos EUA, tem vindo a aligeirar dramaticamente a responsabilidade do produtor por ausência de informação, do mesmo passo transferindo-a para o médico[164]. À luz desta doutrina o produtor apenas tem que informar o médico dos riscos envolvidos, sendo que é a este último que cabe a obrigação de informar o consumidor-paciente, sendo também o médico o responsável por defeitos de informação que tenham causado danos àquele.

12.1.2. *Informação relativa aos riscos*

Algumas decisões judiciais[165] têm defendido que o produtor apenas está obrigado a informar acerca dos riscos mais frequentes associados aos seus produtos, mas parece-nos mais prudente incluir informação acerca de todos os riscos conhecidos, ainda que de pequena gravidade (desde logo porque o conceito de gravidade é relativo e o que pode ser menor para a empresa poderá não o ser para o paciente[166]) ou improváveis[167].

Note-se que os medicamentos não reagem da mesma forma em todos os pacientes, nem quanto a sua eficácia nem quanto aos respectivos riscos. Pode o produto ser seguro para 99% dos pacientes, mas não o ser para 1%. Este tipo de informação pode vir apresentada de várias formas. Preferencialmente deve explicar-se que "1 em cada 100 pacientes experimentam reacções adversas", o que obviamente é uma informação bem mais precisa do que simplesmente dizer-se que tais reacções ocorrem

[164] A isto acresce que nos Estados-Unidos não existe uma regra uniforme quanto à informação escrita que acompanha o medicamento. Embora a FDA imponha alguns requisitos, cada *State Pharmacy Board* tem os seus próprios requisitos, sendo aos *State Boards* que cabe o seu controlo e não propriamente à FDA.

[165] *Paris Court of Appeal, 18 March 2004, Case 2002/15121, Ms. Martine Verdet and Mr. Pierre Verdet v. Sanofi Synthelabo France, Centre de Prévoyance Médico-Sociale and Caisse Primaire d'Assurance Maladie de Paris*), citadas por L'Ecluse, Longeval e T'Syen, 2013.

[166] Parra Lucán, 2014: 24.

[167] No mesmo sentido, L'Ecluse, Longeval e T'Syen, 2013.

"raramente". Em relação aos riscos, a forma mais eficaz de transmitir a informação é recorrendo a estatísticas. Porém, o modo como apreendemos a estatística é condicionado por factores emocionais[168]. Por exemplo, os estudos atestam que a mente humana tem dificuldade em compreender percentagens em pequena escala e que nessa hipótese é mais eficaz recorrer a dados que demonstrem a frequência da ocorrência. Ou seja, o paciente processa melhor a informação de que uma determinada reacção adversa ocorre em 1 em cada 100 pessoas do que a informação de que a percentagem de ocorrência desse efeito é de 1% (talvez porque ao operar mediante números de pessoas se cria no destinatário uma identificação com a informação). A questão é que o consumidor não sabe, *a priori*, se se encontra nos 99% de pacientes que estão seguros ou na percentagem de 1% de pacientes que o não estão, excepto quando o risco seja descrito face a específicos consumidores (por exemplo, pessoas que sofrem de problemas cardíacos, diabéticos, grávidas), o que todavia nem sempre é possível.

Em boa verdade, os medicamentos são inelutavelmente produtos intrinsecamente arriscados e não há forma de excluir essa margem de risco. Logo, o modo de contornar a probabilidade acrescida de responsabilidade face a fabricantes de outros produtos é precisamente mediante a informação ao consumidor. Quando a Directiva 85/374 refere no seu artigo 6/1 que "[u]m produto é defeituoso quando não oferece a segurança que se pode legitimamente esperar", esta legitima expectativa do consumidor acaba por ser delineada pela informação que acompanha o produto. Se o consumidor foi informado de um defeito já não se pode afirmar que tinha a expectativa que o produto não teria aquele defeito, na medida em que o mesmo era previsível[169].

Porém, daqui não decorre que o mero facto de providenciar uma informação completa seja para o produtor uma garantia de que ficará isento de responsabilidade. Esta conclusão resulta indirectamente do artigo 12º da Directiva 2001/83: "A responsabilidade do produtor, nos termos da presente directiva, não pode ser reduzida ou excluída em relação ao lesado por uma cláusula limitativa ou exoneratória de responsabilidade". O raciocínio formulado pela norma a propósito das

[168] Hibbard e Peters, 2003: 426-427.

[169] Também assim, Silveira, 2010: 31-34.

causas de exclusão da responsabilidade pode ser transposto, *mutadis mutandis*, para a inclusão de longas e detalhadas listas de riscos associados aos produtos no respectivo folheto informativo; sob pena de tornar o folheto um *disclaimer* geral com a virtude de excluir toda a qualquer responsabilidade do produtor. Não é porque o risco foi comunicado ao paciente que deixa de ser um defeito e se torna uma característica[170]. Em suma, uma informação completa apenas permite excluir a responsabilidade por defeito de informação, mas não pelos demais defeitos do produto. Contudo, certo é que a redacção da Directiva, nomeadamente o facto de fundar a segurança do produto na expectativa do consumidor, pode dar azo a essa interpretação e não se exclui que a mesma venha a ser acolhida pelo tribunal.

Porém, quão completa tem que ser a dita informação para se excluir a responsabilidade da empresa por defeito de informação? A questão coloca-se porque em comparação com os demais produtos, os riscos potencialmente envolvidos num medicamento são praticamente ilimitados. Alguns são óbvios, de tal forma que qualquer pessoa comum tem conhecimento deles, ao passo que outros são verdadeiramente raros, pelo que cabe perguntar se ainda assim devem ser comunicados.

Há um delicado equilíbrio que se deve encontrar aqui: por um lado, informar o paciente para que este possa fazer escolhas informadas; por outro lado, não o sobrecarregar com informação de tal forma que fique impossibilitado de fazer qualquer escolha (no fundo, o mesmo dilema com que se defronta o médico no âmbito do consentimento informado do paciente). Apenas em função do caso concreto é possível identificar o ponto de equilíbrio. Trata-se de um equilíbrio difícil de atingir, pois por um lado a informação sobre riscos deve ser suficiente completa para evitar um dano de informação e também para moldar as expectativas do consumidor; mas, por outro lado, uma lista excessiva de riscos pode desencorajar a toma do medicamento, inclusivamente por parte de consumidores-pacientes que dele necessitem para sobreviver (e obviamente afectar as potenciais vendas e consequentemente os lucro). De qualquer forma, dificilmente um tribunal se deixará sensibilizar por esta argumentação. Logo, se a empresa farmacêutica quer acautelar

[170] Dando conta do risco de tal acontecer, Ueffing, 2013: 394.

futuros litígios deve informar de todos os possíveis riscos, independentemente da sua gravidade ou raridade.

Olhando para a jurisprudência (no direito comparado, pois que entre nós dificilmente encontramos decisões deste tipo[171]) conclui-se que os deveres de informação da empresa farmacêutica têm sido crescentemente expandidos.

Por exemplo, as empresa farmacêuticas já foram condenadas em casos de riscos de raríssima ocorrência e mesmo quando tal ocorrência nem sequer estava cientificamente provada. No caso *Givens v. Lederle*[172] uma mãe desenvolveu poliomielite depois de um pediatra ter administrado à sua filha a vacina oral Sabin, contra a pólio. Em tribunal ficou demostrado que a possibilidade de alguém contrair poliomielite em virtude da vacina era de apenas 1 em 3 milhões, não tendo contudo ficado provado que naquele caso em particular a doença tivesse resultado da estirpe da vacina ou fosse independente dela. Ainda assim, a farmacêutica Lederle, fabricante do medicamento, foi condenada por informação insuficiente ao não ter advertido desse risco.

Outra forma de extensão da responsabilidade do produtor por defeito de informação ocorreu no caso *Conte v. Wyeth*,[173] em que a empresa foi condenada por danos causados em pacientes em virtude da falta de informação, muito embora tais pacientes nunca tenham usado os produtos daquela empresa mas sim os genéricos que lhes correspondem. Uma vez que a informação disponibilizada pelos produtos genéricos coincidia exactamente com a informação facultada pelo medicamento de marca, o tribunal entendeu que a falha da informação se reportava à empresa que produzira o medicamento original. Ora, isto é quase como afirmar que este produtor tem deveres de protecção para com pessoas

[171] Em Portugal não encontramos muitas decisões por defeito de informação do medicamento. Mas olhando para o lado, na vizinha Espanha, deparamo-nos com várias decisões relativas a defeitos de informação em relação ao medicamento Agreal. Esta jurisprudência inclui igualmente pronúncias do Supremo Tribunal Espanhol: decisões de 17/06 de 2011 (Resolução do Tribunal Supremo 4629), de 28/05/2012 (Resolução do Tribunal Supremo 6545), de 06/06/2012 (Resolução do Tribunal Supremo 6702), de 18/06/2013 (Resolucão do Tribunal Supremo 4630), de 10/07/2014 (Resolução do Tribunal Supremo 412).

[172] *Givens v. Lederle*, 556 F.2d 1341, 1343 (5th Cir. 1977).

[173] *Conte v. Wyeth, Inc.*, 168 Cal. App. 4th 89, 107 (Cal. App. 2008), caso comentado em Ramey, 2010.

que nunca consumiram o seu produto, o que não deixa de ser uma conclusão paradoxal.

Ainda no âmbito de jurisprudência extensiva da responsabilidade por defeito de informação veja-se a decisão do *Tribunale Civil de Bruxelles* de 2005[174], que considerou defeituoso, por defeito de informação, um antibiótico cujo folheto informava os pacientes de possíveis efeitos temporários de surdez, ao passo que na informação disponibilizada aos médicos referia efeitos irreversíveis de surdez[175].

Uma questão relevante prende-se com riscos detectados apenas após a comercialização do produto que, por conseguinte, não poderiam ter sido identificados no folheto informativo[176]. Porém, tem-se entendido que os produtores estão vinculados a vigiar continuamente o seu produto e a acompanhar o estado da técnica. Logo, sobre estes recai a obrigação de informar acerca de riscos entretanto detectados, ou mesmo a obrigação de retirar o medicamento do mercado em virtude de tais riscos.

Apesar de o regime das obrigações de informação ser reconhecidamente exigente, sublinhe-se que é o cumprimento das ditas obrigações que pode diminuir a responsabilidade do fabricante, ou mesmo exonerá-lo de todo. Pois se o defeito do produto é, para este efeito, definido como a ausência da "segurança com que legitimamente se pode contar", então, a expectativa legítima do consumidor é definida pela informação que do mesmo lhe é facultada, pelo que quanto mais completa esta for maior a margem de segurança que o produtor estabelece para si.

A informação associada ao produto tornou-se tão determinante que uma das críticas que tem sido feita a este regime é de que basta disponibilizar uma informação extensa e detalhada para assim ilibar o fabricante de boa parte da responsabilidade por defeitos do produto. Desde logo, porque uma informação completa acerca dos riscos fará com que o produto nunca seja defeituoso por defeitos de informação. Mas mais

[174] *Tribunale Civil de Bruxelles* (4 chambre), de 10 de Fevereiro de 2005.

[175] Cf. Parra Lucán, 2014: 22.

[176] Um exemplo de uma condenação por omissão de informação de riscos não conhecidos à data da entrada em circulação do produto pode encontrar-se na decisão da *Cour d'Appel* de Rouen de 14 de Fevereiro de 1979 (ou seja, anterior a esta directiva), que condenou um laboratório farmacêutico por não ter informado os consumidores do seu medicamento de que a cegueira era um efeito secundário que havia entretanto sido detetado já após a colocação do produto no mercado (cfr. Silveira, 2010: 159).

importante do que isso, porque a expectativa do consumidor-paciente é talhada pela informação que lhe é disponibilizada, e se tal informação descrever os defeitos do produto estes passam a ser expectáveis, isto é, tornam-se parte das expectativas de segurança do consumidor-paciente, logo, não serão fonte de responsabilidade à luz da Directiva 85/374. Embora não nos pareça que seja este o propósito da Directiva, certo é que se trata de uma conclusão possível a partir do critério da expectativa do consumidor.

Ainda assim, encontramos vária jurisprudência que continua a considerar o produto defeituoso mesmo face à disponibilização de ampla informação, com base na consideração de que o risco existente é excessivo face aos benefícios providenciados pelo medicamento[177]. Contudo, a avaliação risco-benefício não deve ser feita pelos tribunais no processo de indemnização por danos e sim pelas autoridades competentes para conceder (ou revogar) AIM's.

12.1.3. *Informação versus publicidade*

12.1.3.1. *A dificuldade da distinção*

A publicidade a medicamentos dependentes de prescrição médica está proibida na Directiva 2001/83. Tal não significa que a empresa farmacêutica esteja impedida de providenciar informações sobre os seus produtos. Por exemplo, admite-se que o titular da AIM responda a uma questão específica sobre um particular produto, desde que o faça mediante uma resposta factual e meramente informativa. Em contrapartida, não poderá actuar de forma a promover o seu uso.

Porém, nem sempre é fácil distinguir o que é pura informação (cujo regime depende de cada lei nacional) do que já é publicidade (vetada em regra pelo direito europeu no que respeita a medicamentos sujeitos a prescrição médica), tanto mais que a Directiva 2001/83, não fornece critérios distintivos.

Quando o fabricante disponibiliza informações sobre os seus produtos na internet a um número potencialmente infinito de consumidores,

[177] Veja-se, por exemplo, a decisão do *Tribunal Civil* d'Arlon (3eme chamber), de 23 de Fevereiro de 2006.
Também defendo esta tese, Parra Lucán, 2014: 20-21.

este poderá ser um bom indício que se trata de publicidade, uma vez que o objectivo da publicidade é precisamente o de atingir o maior número possível de pessoas. Nem o facto de tal informação ser disponibilizada por um terceiro que não o próprio produtor afasta necessariamente esta conclusão, pois que este terceiro pode estar ao serviço do fabricante, sem prejuízo de se dever avaliar o tipo de relação existente entre o autor da informação e o fabricante[178]. Quase se pode dizer que, *prima facie*, a intenção do produtor é sempre a de publicitar o seu produto[179].

Contudo, tal tão-pouco pode significar que qualquer informação divulgada pelo fabricante seja sempre e necessariamente publicidade. Por exemplo, pode pensar-se na hipótese de o fabricante querer corrigir informações erradas ou dúbias que circulam sobre o seu produto, até para se proteger contra eventuais responsabilidades impostas ao produtor derivadas de danos causados por informações falsas, de que o produtor tinha conhecimento mas não corrigiu. Outra das possíveis motivações do produtor, igualmente legitima e compreensível, é a de mostrar a transparência da empresa e satisfazer o direito à informação do público em geral[180].

Por força da dificuldade em distinguir pura publicidade de genuína informação, tendencialmente proíbe-se que a empresa farmacêutica divulgue informação sobre os seus produtos quando se trate de medicamentes sujeitos a prescrição médica, face aos quais a publicidade é proibida[181], excepto aquela que acompanha o produto em si mesmo relativamente ao modo da sua utilização e os seus riscos.

A justificar igualmente uma tal proibição está o facto de se saber que esta informação dificilmente será neutral. De uma forma ou de outra a empresa sempre tentará moldá-la, procurando favorecer medicamentos com maiores margens de lucro, colocando pressão na relação médico-paciente e camuflando eventuais efeitos adversos. Segundo a Directiva 2001/83, as restrições impostas à publicidade dos medicamentos têm por objectivo a protecção da saúde pública, dado que nem sempre a

[178] Acórdão de 2 de Abril de 2009, *Damgaard*, C421/07, EU:C:2009:222.

[179] Acórdão de 28 de Outubro de 1992, *Ter Voort*, C219/91, EU:C:1992:414.

[180] Sugerindo estas várias hipóteses *vide* as Conclusões da AdvogadaGeral Verica Trstenjak apresentadas a 24 de Novembro de 2010, no processo *MSD Sharp & Dohme*, C316/09, EU:C:2011:275.

[181] Defendendo esta proibição, BEUC, 2008.

publicidade levada a campo pela empresa produtora se revela fidedigna, logo, poderá deturpar as escolhas informadas dos consumidores. Tratando-se de medicamentos especialmente perigosos – como o demonstra a circunstância de estarem condicionados a receita médica – quer-se evitar automedicações pouco informadas.

Contudo, note-se que a simples difusão de informação sobre medicamentos sujeitos a prescrição ao consumidor só muito marginalmente consegue influenciar as vendas, dado que precisamente por dizer respeito a medicamentos prescritos por médico é a este, e não ao paciente, que cabe decidir qual o medicamento a prescrever. O poder de o paciente influenciar o médico é limitado a este respeito, logo, por mais persuasiva que seja a publicidade feita ao produto, a sua influência sobre a efectiva decisão médica acaba por ser limitada.

12.1.3.2. *A informação a providenciar por via da publicidade ao medicamento*

Em praticamente todos os países – excepto os EUA e a Nova Zelândia – vigora a regra geral da proibição da publicidade de medicamentos directamente ao consumidor. No direito europeu esta regra resulta do artigo 88(1) da Directiva 2001/83, que veda toda a forma de publicidade (sendo o conceito de publicidade entendido em termos bastante amplos, descritos no artigo 86(1) da referida Directiva) de medicamentos ao público, excepto relativamente àqueles que não careçam de prescrição médica[182].

Esta proibição suscita intenso debate, tendo-se afirmado duas posições contrárias. Por um lado, a indústria farmacêutica contesta esta proibição porque alega que não lhe permite comunicar aos pacientes os riscos dos seus produtos. Também do lado dos pacientes se erguem vozes pedindo maior acesso à informação. Mas, e por outro lado, teme-se que o levantamento da proibição possa deixar os consumidores em geral – em regra leigos na matéria – à mercê do discurso das farmacêuticas, muito técnico mas também altamente persuasivo, havendo ainda o risco de os próprios pacientes tentarem influenciar o médico a prescrever um determinado medicamento em vez de outro, apenas com base no conteúdo da publicidade.

[182] Sobre esta questão, Hancher e Földes, 2011.

Porém, a Directiva 2001/83 parece permitir a divulgação de informação de carácter não promocional, deixando assim esta questão em aberto e concedendo aos Estados-membros liberdade para regular a matéria. A liberdade dos Estados e o carácter lato de algumas disposições da Directiva 2001/83 deram origem a alguns casos perante o TJUE que cabe aqui referir.

Uma das questões analisadas pelo TJUE foi a de saber se a divulgação de informação relativa a um medicamento por parte de alguém que não a empresa farmacêutica contaria como "promoção do produto". O caso originou-se porque um jornalista dinamarquês, o senhor Damgaard, escreveu um artigo publicado na Dinamarca sobre um medicamento aí não autorizado, sendo que não se podem publicitar medicamentos não autorizados no país[183]. O visado alegou que, sendo um jornalista independente, não tinha qualquer interesse financeiro na venda do produto e que a peça jornalística apenas se destinava a informar o público. Porém, segundo o TJUE, é irrelevante qual a fonte da informação (se a empresa farmacêutica ou se alguma outra pessoa ou entidade), e tão-pouco releva que esta terceira parte actue de forma independente ou não, pois que mesmo em tal caso podemos estar perante actividades promocionais não autorizadas. Ou seja, adoptou um entendimento lato de "promoção de medicamentos". Ainda assim, a opinião do Advogado-Geral avançou com um critério distintivo, fundado na intenção do agente, que poderá vir a tornar-se decisivo: se o propósito que norteia a divulgação da informação for meramente informativo não será considerado promoção[184]. O problema está em saber que tipo de informação se pode considerar "um dado informativo puro", questão à qual o Advogado-Geral não deu resposta, nem tão-pouco seria possível dar em abstracto, dado que a mesma haverá de fundar-se numa análise concreta de cada caso.

[183] Acórdão de 2 de Abril de 2009, *Damgaard*, C421/07, EU:C:2009:222.

[184] Ponto 38 das Conclusões do Conclusões do advogado-geral Ruiz-Jarabo Colomer apresentadas em 18 de Novembro de 2008, no processo C-421/07, Processo-crime contra Frede Damgaard: "Da disposição controvertida [esta consideração refere-se ao artigo 86 da Directiva 2001/83] deduzse que o critério crucial para separar a publicidade da simples informação radica no objectivo visado: se se quer fomentar «a prescrição, o fornecimento, a venda ou o consumo» de medicamentos, haverá publicidade segundo a directiva; pelo contrário, se se transmite um dado informativo «puro», sem intenção promocional, eximese às regras comunitárias sobre a publicidade de medicamentos".

A distinção entre divulgação de informação e promoção voltou a estar em discussão no caso *MSD v. Merckle*[185], no qual se analisou a diferença entre publicidade de medicamentos sujeitos a prescrição para o público em geral (proibida pelo artigo 88 da Directiva 2001/83) e mera divulgação de informação, a qual é lícita. O caso partiu de um conflito entre a SD Sharp & Dohme GmbH (MSD) e a Merckle GmbH (Merckle), face ao pedido desta última para que a MSD fosse judicialmente proibida de divulgar na Internet informações sobre produtos seus sujeitos a receita médica. Os factos eram os seguintes: a empresa MSD apresentava informações (instruções terapêuticas quanto ao uso do produto) sobre vários medicamentos seus sujeitos a receita médica num site da internet não protegido por *password,* ou seja, ao qual qualquer pessoa podia aceder. A Merckle considerou esta prática violadora das regras de publicidade estipuladas na Directiva 2001/83 e, por conseguinte, também na lei nacional alemã. Uma vez que o tribunal nacional ficou em dúvida acerca da mais adequada interpretação da Directiva a este propósito, apresentou um pedido de decisão prejudicial ao TJUE sobre o exacto sentido a atribuir ao artigo 88/1/a, de modo a esclarecer se esta prática se incluía na proibição de publicidade aí imposta. Para tornar a questão ainda mais complexa atente-se no conteúdo do artigo 86/2 da dita Directiva, que exclui da proibição de publicidade a informação contida no rótulo e bula do medicamento, sendo que segundo a jurisprudência consolidada do *Bundesgerichtshof* (BVG), o Tribunal Federal de Justiça alemão, sempre que tais informações apareçam autonomizadas da bula ou do rótulo de novo se aplica a proibição de publicidade.

Na discussão da questão vários argumentos contra e a favor da proibição de publicidade foram esgrimidos.

Contra a aplicação da proibição alegou-se que embora a informação em causa não estivesse protegida por palavra passe ou por qualquer tipo de filtro, o facto é que tinha que ser activamente procurada pelo consumidor na internet, pelo que apenas seria lida por aqueles que estivessem em busca de informações sobre o medicamento. Por conseguinte, há que distinguir estes casos daqueles em que a informação aparece ao consumidor mesmo sem que este procure por ela, os chamados *pop-up services,* em que informação não solicitada aparece simplesmente no ecrã

[185] Acórdão de 5 de Maio de 2011, *MSD Sharp & Dohme,* C316/09, EU:C:2011:275.

do computador. Em contraste, no caso em apreço sempre seria necessário procurar activamente pela informação em causa.

Foi igualmente alegado que impedir os utilizadores do medicamento de aceder a tal informação prejudicaria o seu direito a uma escolha informada, não apenas no seu papel de consumidores mas também de pacientes, dimensão esta última hoje em dia consolidada no conceito de consentimento informado do paciente, o qual implica igualmente informações sobre os medicamentos prescritos. Recusar tal informação viola o seu direito fundamental à informação e à livre escolha de cuidados de saúde.

Invocou-se igualmente a jurisprudência do Tribunal Europeu dos Direitos do Homem (TEDH), que no acórdão *Stambuk c. Alemanha*[186] declarou que qualquer restrição de publicidade no sector da saúde deve ter em consideração as particularidades do caso concreto. O TEDH considerou que atendendo ao teor concreto da informação em causa era possível concluir que o objectivo da mesma não era fomentar a prescrição/consumo do medicamento, mas apenas fornecer ao consumidor-paciente informações objectivas e científicas sobre o mesmo. Afinal, tratava-se exactamente da mesma informação constante da bula e do rótulo do medicamento, as quais não são consideradas publicidade porque não visam encorajar a compra do produto.

Em contrapartida, a favor da qualificação desta prática como publicidade proibida alegou-se ser irrelevante que o conteúdo da informação fosse o mesmo constante da AIM, da bula e do rótulo, dado que o artigo 88/1/a não refere qualquer excepção à sua proibição quanto ao conteúdo da informação em causa, ou seja, não exlui da proibição informações já referenciadas num outro local. Tão pouco é relevante que se trate de informação apenas disponível mediante uma busca na internet, dado que a norma não distingue quanto ao modo de aceder à informação em questão.

A Advogada Geral foi da opinião que não se tratava de publicidade proibida pelo artigo 88/1/a da Directiva[187]. Esta mesma opinião acabou por ser sufragada pelo TJUE, que entendeu que a norma em causa não proíbe a difusão por parte da empresa farmacêutica de informações

[186] TEDH, decisão de 17 de Outubro de 2002, *Stambuk c. Alemanha,* processo nº 37928/97.

[187] Conclusões da Advogada Geral Verica Trstenjak, apresentadas em 24 de Novembro de 2010, no processo *MSD Sharp & Dohme,* C316/09, EU:C:2011:275.

relativas a medicamentos sujeitos a receita médica na Internet, desde que tais informações se encontrem acessíveis apenas a quem as procurar activamente (uma das notas que sobressai nesta decisão é a distinção entre informação "imposta" ao paciente mesmo sem este ter interesse nela e informação que o paciente procura activamente, segundo o chamado "*pull principle*"[188]) e na medida em que conteúdo da informação reproduza fielmente o disposto na embalagem do medicamento, no folheto informativo ou no RCM, conforme aprovados pela autoridade competente. O TJUE entendeu que no caso não se tratava de actividade promocional proibida, na medida em que apenas reproduzia o conteúdo do folheto que acompanha o medicamento (e que foi aprovado pelas autoridades competentes); nesta medida pode até ser útil para aqueles pacientes que perderam o folheto. Em contrapartida, o tribunal deixou bem claro que se as informações disponibilizadas no *website* representarem alterações face aos dados supra referidos haverá que averiguar se tais distorções se devem a manobras publicitárias que visem aumentar a compra do produto[189].

Na verdade revela-se muito difícil estabelecer *a priori* critérios gerais e abstractos que permitam diferenciar, em toda e qualquer situação, práticas de mera difusão de informação de práticas publicitárias. Será sempre necessário ter em conta elementos do caso concreto, tais como "o objecto e o conteúdo da informação, o círculo dos destinatários e as características do meio pelo qual essa informação é tornada acessível ao público"[190]. Ou seja, o que está aqui em causa não é tanto o direito da indústria farmacêutica a divulgar informação sobre os seus produtos, mas sim o direito dos pacientes a receber essa informação.

No caso *Novo Nordisk AS v Ravimiamet*[191] o TJUE de novo se debruçou sobre a questão da publicidade. O caso nasceu quando a empresa farmacêutica Novo Nordisk publicou um anúncio a um dos seus medicamentos numa revista médica na Estónia, na qual se afirmava que 82% dos pacientes necessitavam de uma injecção por dia do produto e que um dos seus possíveis efeitos seria a perda de peso. Por considerar que

[188] Sobre esta distinção, Hancher and Földes, 2011, pp. 23 ss.

[189] Acórdão de 5 de Maio de 2011, *MSD Sharp & Dohme*, C-316/09, EU:C:2011:275.

[190] Conclusões da AdvogadaGeral Verica Trstenjak, apresentadas em 24 de Novembro de 2010, no processo *MSD Sharp & Dohme*, C-316/09, EU:C:2011:275.

[191] Acórdão de 5 de Maio de 2011, *Novo Nordisk*, C-249/09, EU:C:2011:272.

se tratava de uma actividade promocional não permitida, uma vez que tal informação não constava do RCM, a autoridade do medicamento da Estónia ordenou que o anúncio fosse retirado. A Novo Nordisk levou o caso perante um tribunal da Estónia, que por sua vez solicitou ao TJUE que se pronunciasse sobre a interpretação do artigo 87(2) da Directiva 2001/83. Tratava-se de saber se na parte em que estipula que "[t]odos os elementos da publicidade dos medicamentos devem estar de acordo com as informações constantes do resumo das características do produto" está a exigir que tais elementos constem efectivamente do RCM. De acordo com o TJUE há que ponderar quer o princípio da protecção da saúde pública quer o princípio da liberdade de expressão, sendo que da concatenação entre ambos resulta que apenas se devem proibir elementos que violem o conteúdo do RCM, mas não já aqueles que, não estando lá incluídos, não o contrariem. Pode suceder que novos dados científicos não incluídos no RCM venham especificar ou desenvolver informação contida no RCM, sendo que nesse caso a sua divulgação deve ser permitida.

12.2. Informação a providenciar pelo médico

Os deveres de informação do médico têm sido especialmente sublinhados pela doutrina e jurisprudência norte-americana, com base na *learned intermediary doctrine*[192].

Esta teoria parte de uma evidência: boa parte dos medicamentos utilizados são prescritos por médicos, com base no seu específico conhecimento médico e na liberdade de prescrição que lhes é reconhecida. Logo, afirmou-se a ideia de que o médico é o principal onerado com deveres de informação face ao consumidor-paciente. Primeiro, porque obviamente tem conhecimentos mais especializados do que o consumidor, logo é-lhe mais fácil apreender a informação disponibilizada pelo fabricante. Depois, porque a relação (mais ou menos) próxima que estabeleceu com o seu paciente permite-lhe uma melhor comunicação com este, mais rápida e eficaz do que aquela que se possa estabelecer entre produtor e consumidor. Terceiro, porque seria virtualmente impossível à empresa farmacêutica alertar todos os consumidores, de todos os seus produtos, acerca de todos os riscos envolvidos[193].

[192] Barkus e Derian, 2005: 861-868; Comer, 2009; Cooner, s.d.; Thornton, 2003; 359-361.

[193] Dando conta destes argumentos, Porter, 2012: 439-440.

Neste perspectiva a empresa farmacêutica apenas terá por encargo informar o médico, podendo para tal utilizar termos técnicos e complexos e abstendo-se de lhe dar a conhecer factos que este tem obrigação de saber por força dos deveres de profissão. Em contrapartida, caberá ao médico funcionar como uma espécie de tradutor da linguagem técnica que em regra acompanha o medicamento, eventualmente adaptando-a às limitações de compreensão do paciente, utilizando termos especialmente acessíveis e que este compreenda.

Esta doutrina apresenta, contudo, algumas excepções, nas quais a empresa farmacêutica é chamada a informar o paciente[194]. Assim é nos casos de fornecimento de cuidados de saúde em larga escala (por exemplo, imunizações em massa), nos quais é inviável que o médico actue como intermediário. Uma outra excepção envolve os casos em que o paciente participou activamente na decisão de tomar o medicamento, como em regra sucede com anticoncepcionais. Excepcionam-se ainda as situações em que empresa farmacêutica levou previamente a cabo *direct to consumer adversising*[195], desvanecendo assim o papel do médico.

Curiosamente, esta doutrina generalizou-se nos EUA, uma ordem jurídica (uma das poucas) onde se permite que as empresas farmacêuticas façam publicidade directa ao consumidor, ao passo que na Europa tal só é permitido face a medicamentos que não carecem de prescrição médica. Ora, seria precisamente no espaço europeu que esta teoria mais faria sentido, onde as empresas farmacêuticas dirigem a sua publicidade essencialmente para os médicos e estão praticamente proibidas de ter como alvo os pacientes. Porém, nunca esta teoria singrou no espaço europeu.

A *learned intermediary doctrine* assenta na tese – que se presta a várias críticas – de que o consumidor do medicamento é o médico e não o paciente[196]. Uma explicação possível para esta ficção – porque não passa disso – é que o paciente não possui os conhecimentos requeridos para compreender os riscos e benefícios do medicamento, ao passo que o médico tem a *expertise* necessária para tal. Por conseguinte, a empresa

[194] Cfr. Friedman, 2010: 285-288 e Kaufmann e Johnson, 2007.

[195] Sobre esta questão Gibson, 2014 e Ventola, 2011.

[196] A este respeito veja-se *Shanks v. Upjohn*, 835 P.2d 1189, 1195 (Alaska 1992). Explicando e criticando esta tese, Friedman, 2010: 278 ss.

farmacêutica apenas teria que explicar as informações pertinentes ao médico, funcionando este como uma espécie de *health care proxy* do paciente.

Outra razão que terá levado ao desenvolvimento da *learned intermediary doctrine* é a necessidade de proteger o produtor (empresa farmacêutica) de responsabilidades excessivamente gravosas, que possam pôr em causa o investimento em medicamentos inovadores. De modo que o médico funciona aqui como uma espécie de escudo protector.

Admite-se ainda que possa existir aqui uma intenção protectora do paciente, dado que sem este intermediário corre-se o risco de o paciente, leigo e muitas vezes pouco instruído, não conseguir acompanhar a informação que de forma impessoal lhe é transmitida pelo fabricante.

Contudo, esta doutrina acaba por dar azo a um curioso e pouco equitativo desfecho: a empresa farmacêutica arrecada lucros com o medicamento sem arcar com obrigações de informação, excepto no que respeita ao médico.

Do ponto de vista da protecção do consumidor-paciente as consequências também se podem revelar negativas. Tratando-se de um produto tão arriscado como é o medicamento, tudo aconselha a garantir-lhe uma protecção acrescida, por via de uma informação detalhada, a cargo quer do médico quer da empresa farmacêutica. Porém, esta teoria acaba por conduzir ao desfecho oposto: o consumidor-paciente só pode exigir informação daquele primeiro e só a este pode pedir judicialmente uma compensação em caso de dano causado por insuficiente informação.

Por outro lado, esta doutrina não se coaduna com a actual posição do paciente no contexto da prestação de cuidados de saúde, a qual é uma posição muito mais dinâmica e interventiva do que anteriormente. Os pacientes não querem ser destinatários passivos da decisão do médico; pelo contrário, procuram activamente participar na decisão terapêutica e reunir informação sobre o medicamento (nos dias de hoje especialmente na internet). Nesta medida, o paciente assume igualmente a responsabilidade pelo medicamento que consome e pretende para tal ser informado.

Estes vários motivos levaram a que a *learned intermediary doctrine* tenha vindo a ser crescentemente contestada. O facto de as empresas farmacêuticas, que lucram milhões com a venda dos seus produtos, ficarem praticamente desoneradas de deveres de informação, criando assim um regime de privilégio face aos demais produtores, é um dos principais argumentos contra esta teoria. Por outro lado, apesar da proibição de *direct-to-consumer-advertising* existente na maior parte das ordens jurídicas, certo é que as empresas farmacêuticas têm logrado encontrar formas paralelas de chegar ao consumidor, o que também milita a favor da atribuição de deveres de informação directamente face aos consumidores.

Além do mais, esta teoria arrisca-se a colocar um peso excessivo sobre os médicos, desonerando as empresas farmacêuticas de obrigações que igualmente lhes cabem.

Mesmo não adoptando a *learned intermediary doctrine*, como nos parece a solução mais correcta, existe sempre um núcleo central de informação que o médico deve disponibilizar ao paciente quando lhe prescreve um medicamento[197]: descrever as características do medicamento, o fim a que se destina, a forma como deve ser tomado (dosagem, período temporal entre as tomas, posologia), os riscos mais frequentes[198] (por contraposição ao produtor, o qual deve informar de todos os riscos, mesmo os raros) e possíveis interacções medicamentosas. Para efeitos desta última informação deve o médico perguntar ao paciente que outros medicamentos está a tomar, de forma a poder comunicar-lhe com rigor quais as possíveis interacções entre produtos.

Há dois possíveis critérios para aferir qual a informação que o médico está obrigado a comunicar ao paciente: um critério fundado no médico e um outro fundado no paciente[199]. De acordo com o primeiro critério o médico está obrigado a fornecer a informação habitual que os médicos do seu entorno costumam prestar, ao passo que de acordo com o segundo

[197] Também defendendo que o dever de informação do médico é mais limitado do que o dever de informação do produtor, mesmo à luz da *learned intermediary doctrine*, Dweck, 2014: 439.

[198] No caso *Canesi ex rel. Canesi v. Wilson*, 730 A.2d 805, 810 (N.J. 1999) dois médicos foram alvo de um processo judicial por não terem alertado para o perigo de o medicamento (Provera), prescrito a uma grávida, poder conduzir a anomalias fetais, tal como resultava das informações do Physicians' Desk Reference (PDR), ou seja, da compilação das informações de prescrição disponibilizadas pelo fabricante, actualizadas anualmente. Pelo contrário, os médicos asseguraram tratar-se de um medicamento seguro. Porém, o tribunal considerou que não havia responsabilidade médica por entender que o PDR não visa estabelecer o *standard of care* quanto à informação a disponibilizar pelo médico, logo, concluiu que os médicos não haviam violado os seus deveres de informação.

[199] Cfr. Dweck, 2014: 440-441.

critério o médico tem que prestar as informações necessárias para o paciente decidir. Neste segundo critério, por sua vez, pode adoptar-se uma perspectiva mais objectiva, usando o critério do paciente-médio (a pessoa medianamente sensata e inteligente), ou um critério mais subjectivo, em que nos focamos nas necessidades de informação daquele concreto paciente.

A partir da obrigação que recai sobre o médico de informar o paciente dos riscos que para ele decorrem do medicamento, tem-se também afirmado uma paralela obrigação de alertar para consequências, suscitados pelo medicamento, que podem colocar terceiros em perigo. No caso *Coombes v. Florio*[200] o médico foi condenado por não ter alertado o paciente de que o medicamento que lhe prescrevera poderia causar sonolência e inclusive perda de consciência, pelo que deveria abster-se de conduzir. Desconhecendo os efeitos colaterais da sua medicação o paciente continuou a conduzir, mas a certa altura perdeu a consciência e atropelou mortalmente uma criança. Após se ter identificado a causa da perda de sentidos e a omissão de informação médica, os pais do menor processaram o médico por omissão de deveres de informação e o médico foi efectivamente condenado, com base num entendimento alargado do *duty of care* que recai sobre o médico, que nesta perspectiva inclui o dever de prevenir danos a terceiros.

12.3. Informação a providenciar pelo farmacêutico

Tradicionalmente a responsabilidade do farmacêutico é muito limitada, praticamente se restringindo aos casos em que não fornece ao paciente o medicamento que o médico prescrevera. Ou seja, usualmente não lhe são impostos deveres de informação, os quais recaem sobre o produtor e, pelo menos no âmbito da doutrina norte-americana da *learned intermediary doctrine*, também sobre o médico. Nem mesmo o dever de alertar para possíveis consequências gravosas em caso de interacção medicamentosa tem sido imposto ao farmacêutico.

Porém, parece-nos que o *standard of care* aplicável à conduta do farmacêutico deverá impor-lhes alguns deveres de informação, mais propriamente aqueles que o farmacêutico possa cumprir de acordo com os

[200] *Coombes v. Florio*, 877 N.E.2d 567 (Mass. 2007). Mais informação sobre este caso em Leonardo, 2008.

seus conhecimentos específicos[201] (e que, admite-se, nem sempre coincidirão com os conhecimentos do médico, podendo em alguns casos ser mais limitados, mas também noutros casos mais extensos). Assim é porque de facto o farmacêutico dispõe de conhecimentos especiais, que adquiriu com a sua formação, que lhe permitem desempenhar essa função. Esse facto é conhecido de quem o procura, que assim confia no seu conselho[202]. Nem se alegue, contra esta sugestão, que o dever de informação deve recair apenas sobre o médico com base na relação de confiança que existe entre médico e paciente, dado que uma tal relação existe igualmente (ou deve existir) entre consumidor-paciente e farmacêutico[203].

Mesmo ordens jurídicas tradicionalmente atreitas a deveres de informação do farmacêutico têm vindo a admitir casos de responsabilidade farmacêutica. Tal sucede, por exemplo, quando o farmacêutico publicite que faz o seu trabalho com o auxílio de um computador que permite detectar interacções medicamentosas, pois que nesse caso se entende que assume perante o paciente esse dever e, por conseguinte, deve ser responsabilizado quando não alerte o paciente para tal perigo[204].

Nos Estados Unidos os tribunais são tradicionalmente atreitos a admitir um dever do farmacêutico informar o paciente acerca dos riscos de determinado produto e, por conseguinte, da sua responsabilidade em caso de dano. Porém, mesmo aí se tem admitido nos últimos anos vários casos de responsabilização farmacêutica. Ainda que o tribunal tenha recusado um dever geral de alertar pacientes para reacções adversas de medicamentos (por considerar que o dever de advertir os pacientes sobre potenciais reacções adversas de medicamentos cabe primordialmente ao médico), a responsabilidade do farmacêutico foi afirmada em casos concretos:

i) Quando o farmacêutico tenha disponibilizado o medicamento ao paciente não obstante existir um erro crasso de prescrição (tais como doses letais óbvias, inadequações nas instruções, contra-indicações ou prescrições incompatíveis) que deveria ter sido detectado pelo farmacêutico[205];

[201] Defendemos esta mesma ideia em Raposo, 2018. Também sustentando esta posição, Dent, 2013: 545.

[202] Cfr. Dent, 2013.

[203] Também assim, Dent, 2013: 553-554.

[204] Na jurisprudência norte-americana *vide Baker v. Arbor Drugs, Inc.*, 544 N.W.2d at 731.

[205] *McKee v. Am. Home Prods. Corp.*, 782 P.02d 1045 (Wash. 1989).

ii) Quando o farmacêutico continuou a repor as prescrições médicas, mesmo notando que o paciente estava a consumir o medicamento muito mais rapidamente do que o prescrito, incorre em responsabilidade[206];

iii) Quando o farmacêutico anuncia que o seu software lhe permite detectar reacções adversas aos medicamentos e interacções medicamentosas, na medida em que nesses casos assume com esta conduta o dever de efectivamente advertir o paciente de tais riscos[207];

iv) Quando o farmacêutico tinha conhecimento de uma alergia do paciente e da consequente contra-indicação de certos medicamentos, tem o dever de notificar o médico ou avisar o paciente desse facto caso um desses medicamentos tenha sido prescrito[208];

v) Em todos os casos em que o farmacêutico tenha assumido voluntariamente um dever de alertar o paciente dos riscos implicados num medicamento responderá pela não cumprimento desse dever[209];

vi) Quando o farmacêutico tenha preenchido duas prescrições para um paciente, sendo conhecido que os medicamentos em causa interagiam negativamente entre si e tendo inclusivamente esse facto accionado um alerta no sistema informático da farmácia, tem o dever de informar o paciente desse facto[210];

vii) Quando exista uma receita e esta permaneça válida, mas se trate de uma prescrição de opióides emitida há quatro meses não deve a mesma ser disponibilizada ao ppaciente, sob pena de responsabilização[211];

viii) Quando o farmacêutico tiver preenchido duas prescrições em dois dias seguidos, tendo aumentado a dosagem do segundo

[206] *Hook's SuperX, Inc. v. McLaughlin*, 642 N.E.2d 514 (Ind. 1994).

[207] *Sanderson v. Eckerd Corp.*, 780 So.2d 930 (Fla. Dist. Ct. App. 2001). Em termos semelhantes, *Shampaine v. Bayer Corp. et al.*, 2003 WL 22023391 (D. Minn. Feb. 26, 2003).

[208] *Happel v. Wal-Mart Stores, Inc.*, 766 N.E.2d 1118 (Ill. 2002).

No caso *DiGiovanni v. Albertson's Inc*, 940 N.E.2d 73 (Ill. App. 2010), o Tribunal entendeu que desde que o farmacêutico tenha alertado o médico para determinado risco já não tem a obrigação de simultaneamente alertar o paciente.

[209] *Cottam v. CVS Pharmacy*, 764 N.E.2d 814 (Mass. 2002).

[210] *Brienze v. CVS Pharmacy, Inc.*, 2003 WL 23018810 (Mass. Super. Dec. 19, 2003).

[211] *Dee v. Wal-Mart Stores, Inc.*, 878 So. 2d 426 (Fla. 1st DCA 2004).

medicamento sem consultar o médico e sem ter informado o paciente sobre possíveis interacções medicamentosas, deve ser responsabilizado por eventuais danos daí decorrentes[212];

ix) Num caso em que o farmacêutico havia vendido ao paciente vários medicamentos num curto espaço de tempo, ainda que em cumprimento de prescrições médicas, o tribunal interpretou o dever do farmacêutico usar "cuidados devidos e adequados no preenchimento de uma receita médica" como mais do que o mero cumprimento robótico da prescrição médica[213].

12.4. O comportamento do consumidor-paciente face à informação providenciada

12.4.1. *O dever do paciente cumprir as instruções fornecidas*

O cumprimento integral dos deveres de informação a cargo dos vários intervenientes – a empresa farmacêutica que comercializa o medicamento, o médico prescritor, o farmacêutico que disponibiliza o produto – não é garantia absoluta de que ainda assim não ocorrerão danos derivados do uso errado do medicamento.

Várias razões explicam porque motivo muitos pacientes usam os medicamentos sem seguir o que lhes foi recomendado: esquecimento, ignorância sobre o medicamento e seu uso, crenças culturais ou religiosas sobre questões de saúde e de medicação, falta de alfabetização em saúde, negação ou ambivalência quanto ao estado de sua saúde, custo do medicamento e falta de apoio social[214]. A circunstância de hoje em dia muitos consumidores-pacientes procurarem informação extra online, frequentemente em sites pouco fidedignos, é outra motivação a acrescentar, já que a tendência para combinar a informação prestada pelos meios adequados e fiáveis com esta outra informação mais duvidosa pode levar a comportamentos medicamentosos temerários[215].

[212] *Warren v. Walgreen*, 2007 WL 4293465 (Ariz. Super. Ct., Oct. 11, 2007).

[213] *Oleckna v. Daytona Discount Pharmacy et al.*, 2015 WL 477841 (FL App. 5 Dist., February 6, 2015).

[214] Oyekan, Nimalasuriya, Martin, et al., 2009: 62-69.

[215] Raposo, 2018.

Esta falta de *compliance* do paciente é, de resto, documentada por vários estudos. Por exemplo, um estudo publicado por Cutler e Everett em 2010 no New England Journal of Medicine revela que cerca de 40% dos medicamentos prescritos nos Estados Unidos são incorrectamente usados pelos pacientes[216]; dados da OMS revelam que nos países desenvolvidos apenas 43% dos pacientes tomam os medicamentos para a asma tal como lhes foi prescrito e que no caso de medicamentos para tratar a depressão o grau de aderência à prescrição situa-se entre os 40 e os 70%[217].

12.4.2. *O comportamento do paciente face aos riscos do medicamento*

Há quem entenda que nos casos de defeito de informação se deve tentar prever o que teria feito o paciente se deviamente informado dos riscos[218]. Em princípio assume-se que estando devidamente alertado para os riscos o paciente não teria tomado aquele medicamento caso os riscos não compensem os benefícios esperados. Assim, se o paciente não tivesse usado o medicamento o dano não teria ocorrido, pelo que cabe àquele que deveria ter informado o paciente dos riscos existentes compensá-lo pelos danos causados por via da sua omissão de informação.

Esta conclusão pode ser difícil de sustentar naqueles casos em que não existe no mercado uma alternativa terapêutica para o medicamento em causa, pois que então, fosse ou não informado dos riscos do medicamento, não restaria ao paciente outra opção senão tomar aquele mesmo medicamento. *Rectius*, a opção seria não tomar qualquer medicamento, o que em alguns casos nem sequer é uma alternativa objectivamente razoável[219]. Contudo, o consumidor-paciente não tem que se comportar de forma razoável e assiste-lhe o direito de tomar decisões pouco sensatas e arriscadas. Além do mais, mesmo que tenha decidido utilizar o medicamento, com todos os riscos que este implica, certo é que caso tivesse sido alertado para os mesmos poderia ter comunicado ao médico a

[216] Cfr. Cutler e Everett, 2010: 1553.

[217] WHO, 2003 (o estudo remonta a 2003, mas tudo indica que os dados não se alteraram entretanto).

[218] Neste sentido, Parra Lucán, 2014: 10. Porém, a autora excepciona os casos de riscos particularmente graves do medicamento.

[219] Referindo estes casos, Parra Lucán, 2014: 9-10.

sua ocorrência e em conjunto poderiam ter ponderado a continuação ou não do tratamento com aquele medicamento.

Para além das críticas que se possam fazer à tese que funda a indemnização no comportamento hipotético do paciente, tão-pouco parece que esta teoria encontre acolhimento ns Directiva 85/374. À luz desta Directiva a responsabilidade por defeito de informação deve actuar em qualquer situação, independente de qual seria a decisão que o paciente teria tomado se deviamente informado, dado que não se trata se saber se o paciente teria ou não tomado o medicamento, mas sim de afirmar a existência de um defeito no produto, resultante este de falhas na informação. A existência de um defeito é um dado objectivo que não depende das hipotéticas condutas que o paciente teria adoptado caso o defeito não existisse.

Capítulo 13
Os riscos de desenvolvimento

13.1. Definição de riscos de desenvolvimento

Um tipo de defeito do produto não abrangido pelo regime de responsabilidade objectiva estabelecido na Directiva 85/374 é o chamado defeito de desenvolvimento, o qual se prende com falhas do produto não detectáveis no momento em que este é lançado no mercado porque o estado da técnica e da ciência à data não o permitiam (artigo 7/e da Directiva 85/374)[220].

Muito se discutiu se a Directiva deveria ou não responsabilizar o produtor pelos riscos de desenvolvimento, tendo-se finalmente decidido pela não responsabilização, ainda que se permita aos Estados adoptar regra contrária (artigo 15/1/b da Directiva 85/374).

A razão de ser desta exclusão prende-se com a imperativa necessidade de não coarctar o desenvolvimento científico e o aperfeiçoamento dos produtos existentes, uma preocupação especialmente pertinente no caso dos medicamentos. Responsabilizar a empresa farmacêutica por defeitos supervenientemente detectados nos seus medicamentos iria desencorajar o investimento futuro em pesquisa científica, com receio de que as suas descobertas acabassem por ser fonte de litígio, e poderíamos chegar ao ponto em que as empresas se sentissem tentadas a boicotar a investigação e a falsificar resultados. Trata-se assim de não criar

[220] Sobre os riscos de desenvolvimento, Linger, 1990.

obstáculos excessivos à inovação e ao desenvolvimento. A empresa farmacêutica deve investir em R&D sem receio de que as suas descobertas revelem novos riscos dos medicamentos já existentes no mercado, pelos quais possa vir a ser responsabilizada.

Contudo, mesmo que o risco não seja passível de identificação na data da entrada em circulação do produto, ainda assim existe uma obrigação de monitorização do produto – e, por conseguinte, de identificação de eventuais riscos – durante toda a vida do mesmo. Após o momento em que um novo risco é detectado, este passa a fazer parte do estado da arte, o que significa que todos os medicamentos daí para a frente produzidos se têm que conformar com os novos conhecimentos. Suponha-se, por exemplo, que a dada altura, por força de novos avanços científicos, a empresa farmacêutica se apercebe que o medicamento envolve riscos para o paciente até então desconhecidos, mas nada faz para alertar o público: não retira o produto do mercado, não altera o RCM e mantém a informação para si apenas. Se algum paciente vier a sofrer um dano como concretização desse risco, e se provar que o mesmo já era conhecido da empresa à data da ocorrência do dano, esta será responsabilizada.

Não é fácil invocar com sucesso a defesa dos riscos de desenvolvimento[221]. Note-se que é a empresa farmacêutica que deve fazer prova dos factos que consubstanciam este meio de defesa, sendo que lhe cabe demonstrar que teria sido absolutamente impossível, à luz dos conhecimentos científicos existentes, detectar o defeito do medicamento aquando da sua entrada em circulação[222]. Isto significa que não pode a empresa alegar, por exemplo, que não conseguiu identificar o defeito

[221] Aliás, de acordo com a jurisprudência do TJUE, o artigo 7 da Directiva 2001/83 deve ser interpretado em termos restritivos.
Veja-se o Acórdão de 10 de Maio de 2001, *Veedfald*, C-203/99, EU:C:2001:258 e Acórdão de 9 de Fevereiro de 2006, *O'Byrne*, C127/04, EU:C:2006:93.

[222] "[P]ara se poder exonerar da sua responsabilidade, nos termos do artigo 7º, alínea e), da directiva, o produtor de um produto defeituoso terá de demonstrar que o estado objectivo dos conhecimentos técnicos e científicos, incluindo o seu nível mais adiantado, no momento da colocação em circulação do produto em causa, não permitia detectar a existência do defeito. Importa, para que possam validamente ser opostos ao produtor, que os conhecimentos científicos e técnicos pertinentes tenham sido acessíveis no momento da colocação em circulação do produto em causa" (Acórdão de 29 de Maio de 1997, *Comissão contra Reino Unido*, C-300/95, EU:C:1997:255).

porque tal implicaria um investimento exorbitante em equipamentos ou prolongaria desmesuradamente o período de ensaios clínicos. Um esforço acrescido – e mesmo substancialmente acrescido – para o produtor detectar o dano não é razão que o isente de responsabilidade à luz deste regime[223]. No caso especial da indústria farmacêutica exige-se que o produtor esteja constantemente a par dos novos progressos científicos, porque a partir do momento em que o defeito pudesse ter sido detectado em alguma parte do mundo se entende que o mesmo poderia igualmente ter sido detectado por aquele produtor. Em suma, o produtor será responsabilizado em relação aos riscos de que não se apercebeu efectivamente, mas dos quais se deveria ter apercebido, atendendo ao estado do conhecimento e da técnica. Se à data um produtor medianamente prudente e diligente (o tal "bom pai de família" de que nos fala o artigo 478/2 do CC), naquelas mesmas condições, pudesse ter detectado o risco, então, o nosso produtor também o deveria ter feito.

Significa isto que a responsabilidade do produtor só será excluída face aos riscos cuja identificação à data da comercialização não teria sido de todo possível, atendendo aos conhecimentos existentes.

Mesmo que se verifiquem os pressupostos de exclusão da responsabilidade objectiva do produtor por defeitos de desenvolvimento à luz da Directiva 85/374, ainda assim pode este ser responsabilizado nos termos gerais da responsabilidade subjectiva. Porém, uma vez que a Directiva apenas exclui a responsabilidade face aos riscos de desenvolvimento que um produtor medianamente diligente não teria detectado, é de supor que a mesma exclusão de responsabilidade resultará do critério de aferição da culpa utilizado para efeitos de responsabilidade subjectiva (em Portugal estabelecido no artigo 478/2 do CC), o qual se funda também na conduta que teria sido adoptada pelo homem médio, isto é, pelo produtor médio. Dificilmente se conseguirá responsabilizar um produtor por riscos de desenvolvimento à luz do regime geral de responsabilidade subjectiva quando este resultado não puder ser obtido à luz da responsabilidade objectiva consagrado na Directiva, pois que se for impossível ao produtor detectar os riscos de desenvolvimento também o será para o homem-médio.

[223] Silva, 1999: 510-512.

13.2. Responsabilidade por riscos de desenvolvimento

Uma vez que a Directiva 85/374 apenas estabelece um mínimo de protecção, não está vedado aos Estados-membros irem para além desse mínimo e de facto alguns assim fizeram, em particular no que respeita aos riscos de desenvolvimento. Ou seja, embora a Directiva não preveja a responsabilidade por riscos de desenvolvimento, algumas ordens jurídicas nacionais impõem, em relação a alguns tipos específicos de produtos, a responsabilidade do produtor por riscos desconhecidos no momento da comercialização do produto[224].

Um dos mais conhecidos casos relativos à responsabilização por riscos de desenvolvimento não se prende com medicamentos, mas com sangue contaminado (sendo que o sangue é considerado um produto à luz dos critérios da Directiva 85/374). O caso reporta-se a um incidente com sangue contaminado ocorrido no Reino Unido, por força do qual várias pessoas foram infectadas com hepatite C[225]. Em causa estava um pedido de indemnização apresentado por pacientes que haviam sido infectados no seguimento de varias transfusões sanguíneas ocorridas entre 1 de Março de 1988 e 1 de Abril de 1991. O processo, decidido pela *Queens Bench Division,* fora intentado ao abrigo da *Consumer Protection Act* 1987 (CPA), que implementa a Directiva 85/374, sendo que em boa verdade o tribunal se apegou mais ao teor literal da Directiva do que ao CPA. O risco de infecção de hepatite por via de transfusões sanguíneas era conhecido desde os anos 40 (do século passado) e em 1972 conseguiu desenvolver-se um teste para detectar a Hepatite B, a única estirpe do vírus então conhecida. Em 1975 começou a suspeita-se que existia outra estirpe do vírus – mais tarde conhecida como Hepatite C – mas apenas em 1988 foi identificada. Finalmente, em 1989 foi desenvolvido um *screening test* para esta estirpe, introduzido no Reino Unido somente em 1991, ou seja, já após a ocorrência destes factos.

Na demanda foi alegado que o sangue era um produto defeituoso à luz do artigo 6 da Directiva 85/374, porém, os réus invocaram em sua

[224] Por exemplo a Expanha em relação a medicamentos, alimentos e produtos alimentares destinados a consumo humano, como resulta dos artigos 6/1/e e 6/3 da Ley 22/1994, de 6 de julio, de responsabilidad civil por los daños causados por productos defectuosos.

[225] *A and Others v National Blood Authority and another* [2001] 3 All E.R. 289; [2001] Lloyd's Rep. Med. 187. Comentários a esta decisão em Ueffing, 2013: 395-398; Williamson, 2003.

defesa o defeito de desenvolvimento. De facto, foi pacificamente aceite por ambas as partes que embora o vírus da hepatite C já tivesse sido identificado à data da ocorrência dos factos, ainda não estava disponível um teste que o permitisse identificar, sendo que tal teste apenas se tornou possível em 1989. Ainda assim, os lesados alegaram que o produto (o sangue) não possuía a segurança que um consumidor poderia razoavelmente esperar. Em contrapartida, a autoridade do sangue (ré) alegou que uma vez que à data das transfusões tal risco era desconhecido para a profissão médica o público não tinha direito a esperar um sangue absolutamente limpo. Ao invés, o que o público podia esperar era que todas as precauções legitimamente expectáveis tivessem sido tomadas, o que sucedera, pois na altura os testes de rastreio não faziam parte do *standard of care*.

A decisão do caso fundou-se na distinção entre "produtos standard" e "produtos não standard". A primeira qualificação refere-se a produtos que actuam da forma como o consumidor espera; ao passo que a segunda se refere a produtos que são inferiores em termos de segurança àquilo que é esperado pelo consumidor. No caso, os sacos de sangue infectado foram considerados um produto não standard, a ser comparados com o correspondente produto standard, ou seja, com sacos de sangue não infectado[226].

Assumindo que os sacos de sangue usado eram produtos não standard, tratava-se agora de averiguar se este nível de risco fora aceite pelos consumidores ou se, pelo contrário, a expectativa dos consumidores era que todo o sangue fosse seguro. Na avaliação das expectativas dos consumidores foram avaliados vários elementos, mas não curiosamente a possibilidade de o risco ser evitado[227]. Tão-pouco foi realizada uma ponderação risco-benefício, dado que se entendeu que a mesma só poderia ter lugar caso os consumidores estivessem informados acerca do risco, pois que só então o poderiam avaliar face ao beneficio existente. Porém, o referido risco apenas era conhecido da classe médica e de um muito

[226] Porém, esta comparação é em si mesmo discutível, dado que se poderia igualmente entender que o saco de sangue infectado era um produto standard, na medida em que todos os produtos daquela série apresentavam o mesmo grau de segurança dado que todos estavam infectados com o vírus. Neste sentido, Williamson, 20003: 5.

[227] Note-se que várias outras decisões já têm considerado como defeituosos produtos cujo defeito não poderia ter sido evitado (Williamson, 20003: 6).

restrito número de consumidores. À data era sabido que produtos daquele tipo poderiam implicar risco de infecção, mas não que aquele concreto produto poderia envolver tal risco.

O que se discutiu no caso foi se o produtor deve avisar o consumidor deste tipo de riscos, ainda que não tendo possibilidade de os evitar. Ora, nesta decisão entendeu-se que o produtor deveria ter informado o consumidor do risco, mesmo que lhe fosse impossível evitá-lo, considerando assim o sangue um produto defeituoso. Entendeu-se que desde que o produtor saiba, ou devesse saber, do defeito do produto, e ainda assim continue a fornecê-lo simplesmente porque não é capaz de identificar em que concreto produto o defeito está presente, não se pode excluir a sua responsabilidade, nem mesmo à luz dos riscos de desenvolvimento.

O juiz considerou que a defesa dos riscos de desenvolvimento não estava disponível para a autoridade inglesa do sangue porque o possível risco de infecção era conhecido, e esse mero facto era suficiente para tornar a defesa indisponível. Esta conclusão resulta igualmente de uma interpretação muito específica do artigo 7/e da Directiva, segundo a qual a expressão "estado dos conhecimentos científicos e técnicos no momento da colocação em circulação do produto" se refere à existência de um defeito no produto genérico, não no produto específico. Ora, no caso a Autoridade estava a par da possível existência do vírus no sangue (produto genérico), ainda que não conseguisse identificar que concreto lote (produto específico) apresentava tal risco.

A aplicação do critério firmado nesta decisão aos medicamentos conduzirá à responsabilidade da empresa farmacêutica sempre que conheça um risco presente nos seus medicamentos, ainda que não consiga identificar exactamente quais os produtos em que tal risco está presente, nem a forma de o evitar. Em tais casos não poderá invocar a protecção concedida pelo artigo 7/e da Directiva 85/374.

Capítulo 14
Exigirá a Directiva 85/374 uma diligência impossível?

O regime da responsabilidade do produtor plasmado na Directiva 85/374 visa o louvável mérito de proteger o consumidor. Porém, o que se pode questionar é se tal protecção se processa por via de uma responsabilidade totalmente independente da diligência do produtor ou se, pelo contrário, não pode evitar considerar em certos termos a conduta culposa deste. *Rectius*, o que se questiona é se a Directiva 85/374 protege o consumidor de uma forma que abstrai por completo da culpa do produtor ou se continua a pressupor a sua culpa.

14.1. O grau de diligência exigido pela decisão *A and Others v National Blood Authority and Another*

Existem duas formas possíveis de entender decisão *A and Others v National Blood Authority and Another*[228], referida no anterior capítulo.

Uma delas consiste em considerar que o fundamento da condenação reside no facto de a autoridade que tutela as questões do sangue não ter informado o público do risco de contaminação derivado do uso do sangue. Ou seja, embora a autoridade de controlo do sangue não tivesse forma de o tornar mais seguro, tinha certamente forma de informar o público de que o produto não era seguro[229].

[228] *A and Others v National Blood Authority and another* [2001] 3 All E.R. 289; [2001] Lloyd's Rep. Med. 187.

[229] Ueffing, 2013: 397.

Mas também poderá entender-se que o que tribunal disse foi que o consumidor (o público em geral) tem direito a esperar que o produto seja seguro, ainda que o nível de segurança esperada seja, na realidade, impossível[230]. Esta segunda – e mais exigente – interpretação encontra acolhimento no princípio de justiça que fundamenta a responsabilidade objectiva, segundo o qual aquele que retira benefícios de certa actividade deve suportar os eventuais riscos e prejuízos que dela derivem, ainda que não tenha contribuído com qualquer actuação culposa para a sua ocorrência. À luz deste entendimento faz sentido que o produtor chame a si a responsabilidade por todos os danos causados pelos seus produtos, dado que retira lucro da sua actividade.

Qualquer que seja o fundamento da condenação, certo é que desta decisão resulta um entendimento particularmente exigente da responsabilidade do produtor estabelecida na Directiva 85/374. Segundo este, os consumidores têm direito a aspirar um produto que apresente um grau de segurança mais elevado do que aquele que é expectável quando o produtor segue o normal dever de cuidado exigível a um produtor daquele produto.

Na referida decisão o tribunal considerou que a expectativa legítima do público em geral ("a segurança que se pode legitimamente esperar" – artigo 6 da Directiva 85/374) não era que os testes ao sangue tivessem sido realizados ou que especiais precauções para evitar os riscos envolvidos tivessem sido adoptadas. Pelo contrário, o tribunal entendeu que a única expectativa legítima do público era a segurança do produto, uma vez que o paciente tem o direito de esperar que o sangue que lhes foi dado nas transfusões esteja livre de qualquer infecção, independentemente de saber se o produtor poderia ter evitado o defeito.

14.2. A aplicação deste grau de exigência aos danos causados por medicamentos

A decisão do caso *A v National Blood Authority* facilitou aos consumidores-pacientes fazer prova do defeito do produto e, paralelamente, tornou mais difícil aos fabricantes provar que fizeram tudo o possível para cumprir com as suas responsabilidades.

[230] Criticando este entendimento do tribunal, Lachmann, 2012: 1185.

À luz deste entendimento a responsabilidade do produtor somente será excluída se o tribunal concluir que a capacidade lesiva do produto é conhecida do público em geral e socialmente aceite, pelo que quem use o produto está bem ciente dos seus riscos. Por exemplo, no caso de armas, explosivos, álcool ou tabaco, é consensual que se trata de produtos em si mesmo perigosos, logo, se um consumidor sofrer um dano decorrente do seu uso tal dano era expectável, isto é, fazia já parte da sua expectativa de (ausência de) segurança.

No caso dos medicamentos a expectativa dos consumidores-pacientes é menos clara. Durante muito tempo entendeu-se que apenas a profissão médica estava a par dos riscos envolvidos nos medicamentos, não o consumidor-paciente comum. Contudo, o aumento exponencial da informação disponível sobre este tipo particular de produtos (folhetos informativos, documentários, internet) e o facto de o medicamento vir acompanhado de uma extensa lista de precauções, instruções, riscos e contra-indicações, mudou esta perspectiva.

Ainda assim, não é claro se o exigente entendimento que resulta da decisão em apreço considerará ou não que os riscos que inelutavelmente acompanham os medicamentos são conhecidos do público em geral, de tal forma que se possa concluir que se alguns desses riscos se podem considerar expectáveis, ou se ao invés concluirá que se trata de riscos desconhecidos para a maior parte do público. Na primeira hipótese, isto é, assumindo que há riscos dos medicamentos que devem ser esperados pelo consumidor-paciente porque são do seu conhecimento, a responsabilidade do produtor poderá ser excluída, embora haja primeiramente que definir quais são exactamente esses riscos expectáveis que afastam a responsabilidade do fabricante. Diferentemente, na segunda hipótese parte-se do pressuposto de que os medicamentos são produtos genericamente seguros (ainda que alguns em concreto o não sejam) e que, por conseguinte, o consumidor-paciente tem o direito – para efeitos da Directiva 85/374 diremos "a expectativa" – de esperar um medicamento seguro; por conseguinte, dificilmente a responsabilidade da empresa farmacêutica poderá ser excluída, nem mesmo com base nos riscos de desenvolvimento.

Porém, quando o produto em causa se destina à prestação de cuidados de saúde, o facto é que um regime tão exigente de responsabilidade acaba por não apenas onerar o produtor do medicamento, mas igualmente outros consumidores-pacientes que precisam desesperadamente daquele produto, inclusive para sobreviver. Ou seja, os custos desta responsabilidade vão acabar por reflectir-se nos consumidores de medicamentos, que assim terão menos medicamentos e mais caros. O temor destes produtores em lançar novos produtos no mercado, atrasando a sua comercialização, ou não os comercializando de todo, irá acarretar sérios prejuízos para todos os pacientes que necessitam de novos medicamentos.

As críticas às consequências negativas que resultam da aplicação deste regime a produtos tão particulares como sejam os medicamentos levaram a algumas propostas alternativas.

Por exemplo, já se sugeriu que uma forma de compensar os lesados sem onerar demasiado o produtor (assim evitando os consequentes efeitos negativos que daí derivam) seria instituir um fundo social de compensação de danos, semelhante ao que existe actualmente no Reino Unido para danos causados por vacinas e instituído pelo *Vaccine Damage Payment Act* 1979[231]. Subjacente a esta proposta está a ideia de que se deve promover a R&D de novos medicamentos e que o processo deve ser o mais expedito possível, sob pena de limitar a chegada de medicamentos ao mercado. Para tal não se deve responsabilizar o produtor para além dos limites da sua eventual culpa. Porém, cabe igualmente compensar os lesados por defeitos dos produtos que inevitavelmente vão acabar por chegar ao mercado, dado que a produção de medicamentos é intrinsecamente uma actividade perigosa, com uma margem ineliminável de risco. Logo, se é a sociedade, no seu conjunto, a exigir medicamentes novos e com fácil e expedita entrada no mercado, deve igualmente ser a sociedade como um todo a arcar com os riscos dos danos que alguns dos seus membros sofram em nome do bem comum ("bem comum" que aqui aparece como o acesso fácil e rápido a medicamentos).

[231] Cf. Lachmann, 2012: 1185.

Parte V
Responsabilidades associadas a danos causados por medicamentos

Capítulo 15
A responsabilidade do médico prescritor por danos causados por medicamentos

O médico prescritor não pode ser responsabilizado por medicamentos defeituosos, mas pode sê-lo por falhas na prescrição.

Em qualquer caso a responsabilidade do médico não se rege pelo regime de responsabilidade objectiva prescrito na Directiva 85/374. Em regra, a maior parte dos países estabelece regimes de responsabilidade subjectiva para a responsabilidade médica, quer a do agente individual quer a da pessoal colectiva pública ou privada (hospital, clínica)[232].

15.1. Omissão de informação acerca do medicamento

Os deveres de consentimento informado do médico, hoje considerados uma autêntica autónoma *lex artis*[233], estendem-se à prescrição terapêutica. Como já referido, e sem prejuízo da obrigação de informação que recai sobre o produtor, cabe ao médico elucidar o paciente sobre a forma como o medicamento deve e não deve ser usado (dose diária, frequência da toma, actividades condicionadas pelo medicamento, interacções

[232] Ainda assim, com algumas excepções. Por exemplo, no caso francês prevê-se a responsabilidade objectiva dos estabelecimentos públicos de saúde pelos danos causados pelos produtos ou material defeituoso que utilizem na prescrição de cuidados e saúde.

[233] Neste sentido, Pereira, 2004 e Raposo, 2013b: 213-248.

medicamentosas), bem como alertá-lo para os respectivos riscos. Uma vez que esta informação é parte intrínseca dos deveres de consentimento informado, segue a mesma regra em termos de ónus da prova, isto é, cabe ao médico fazer prova de que facultou ao paciente toda a informação necessária[234] e que este consentiu na toma do medicamento.

Por exemplo, em 2009 a *Cour d'Appel* d'Aix en Provence[235] condenou, por omissão do dever de informação, o médico que não alertara o paciente para o risco de dano no tendão que poderia resultar do medicamento que lhe prescrevera. Desconhecendo esta possível sequela, o paciente não procurou ajuda médica logo que os primeiros sintomas se revelaram, acabando por atrasar o diagnóstico e dificultar o seu tratamento.

15.2. Erros na dose do medicamento

Pode também o médico ser responsabilizado devido a erros na dosagem de medicamentos. Veja-se o seguinte caso da jurisprudência francesa: um médico prescreveu a uma paciente que sofria de dor nas articulações uma dose de quatro comprimidos de metotrexato por dia durante um período de seis meses, o que conduziu a uma overdose, uma vez que a dose recomendada de metotrexato deveria ser de cinco comprimidos por semana. Esta caso – como de resto muitos outros que envolvem erros de medicação – tem a particularidade de potencialmente envolver duas responsabilidades: a do médico e a do farmacêutico. Em primeira instância foi decretada uma partilha de responsabilidades entre estes dois intervenientes, mas esta decisão foi objecto de recurso, sendo o caso de novo julgado pelo Tribunal de Apelação de Aix en Provence[236], onde ambos os réus contestaram as respectivas condenações. O médico não negou o erro de prescrição, mas afirmou que a culpa do farmacêutico era preponderante, uma vez que não detectara tal erro – como seria sua obrigação – das duas vezes que dispensou o medicamento à paciente com base na prescrição médica, o que demonstraria que não procedeu a qualquer análise do conteúdo da receita. Por seu turno, o farmacêu-

[234] Pereira, 2004: 187 ss. e Raposo, 2013b: 242-246.

[235] *Cour d'Appel* d'Aix en Provence, decisão de 18 de Fevereiro de 2009, n. 07/149229. Veja-se ainda a decisão da *Corte de Cassazione*, decisão de 19 de Maio de 2011, n. 11005.

[236] *Cour d'Appel* d'Aix en Provence, decisão de 9 de Fevereiro de 2017.

tico contestou qualquer falha na disponibilização do medicamento, alegando não dispor dos elementos necessários para apreciar a prescrição, pelo que se limitara a executar o que fora prescrito. Contudo, o tribunal confirmou a responsabilidade partilhada de ambos.

Em 2017 o Tribunal de Bergamo[237] condenou um clínico geral por ter prescrito uma dose excessiva de um medicamento corticóide. Embora o especialista que primeiramente recomendara esta opção terapêutica tivesse indicado a toma de uma única dose, o réu prescreveu 21 doses do referido medicamento, o que acabou por causar graves danos ao paciente.

15.3. Erros na escolha do medicamento

Poderão igualmente ser fonte de responsabilidade jurídica aqueles casos em que o médico não optou pelo medicamento mais adequado para aquele paciente e/ou para aquela condição clínica.

A escolha do medicamento a prescrever (assim como de qualquer outro tratamento a aplicar) não tem necessariamente que reunir consenso na comunidade médica. Havendo várias correntes de pensamento deve o médico escolher aquela que lhe parecer mais adequada no caso concreto[238]. Alguns tribunais foram mais longe e não se limitam a exigir ao médico que fizesse prova de que escolheu o tratamento mais adequado, mas também o mais seguro para o paciente.

Numa decisão de 1998 a Corte de Cassação italiana considerou negligente a conduta do médico que prescreveu uma terapia que envolvia um maior risco para o paciente (o qual se veio efectivamente a materializar num dano), descartando outras opções clínicas que teriam permitido evitar eventos danosos[239].

Também a Corte de Cassação francesa caminha neste sentido. Por exemplo, num caso ocorrido em França um bebé de um mês e meio sofreu uma intoxicação por ter absorvido 0,50 mg de Catalgina ao invés de 0,10 mg, como era suposto. O Tribunal de Cassação confirmou a condenação do tribunal anterior, segundo a qual o dano se deveu à conduta do médico e do farmacêutico, sendo o primeiro condenado a repa-

[237] *Tribunale di Bergamo, seccione IV*, sentenza n. 1705/2017, decisão de 21 de Junho de 2017.

[238] Spillane, 2011, p. 462.

[239] *Corte Suprema di Cassazione, Sezione Terza (penale)*, decisão de 8 de Setembro de 1998, n. 8875.

rar 60% do dano e o segundo 40%[240]. No caso particular do médico, a sua responsabilidade fundou-se no facto de ter prescrito aspirina para baixar a febre da criança quando desde há vários anos o medicamento recomendado para esse efeito é o paraceptamol, uma vez que envolve menos riscos.

Em suma, embora o médico disponha de liberdade para escolher a opção terapêutica que lhe parecer mais adequada, essa liberdade deve ser exercida respeitando o direito de cada pessoa receber o cuidado mais apropriado à sua idade e condição, de acordo com os dados adquiridos pela ciência[241].

15.4. Uso de medicamentos aos quais o paciente é alérgico

Há medicamentos que não podem ser usados em certos pacientes em virtude de reacções alérgicas, as quais podem conduzir a lesão graves no paciente. Para evitar este desfecho deve o médico averiguar se o paciente revela alguma reacção alérgica ao produto que pretende prescrever e, em caso afirmativo, abster-se de o usar.

Em 2007 foi pedido ao Tribunal da Relação de Lisboa que apreciasse um caso de possível responsabilidade médica num cenário desta natureza[242]. A paciente sofreu um choque anafiláctico em virtude de uma reacção alérgica a um medicamento, acabando por falecer. Porém, o médico tomara todas as cautelas necessárias: consultara uma lista que a paciente lhe apresentara dos vários produtos aos quais era alérgica; usara um medicamento não incluído na referida lista; e, por maior cautela, começou por testar uma mínima quantidade de produto na paciente para garantir que o produto era tolerável. Uma vez que o médico se havia comportado de acordo com o *standard of care* exigível naquela situação a sua conduta não foi considerada passível de recriminação.

[240] *Cour de Cassation civile*, decisão de 14 de Outubro de 2010, n. 09-68.471.

[241] Nas palavras do tribunal, a decisão do médico deve ser tomada com "respect du droit de toute personne de recevoir des soins les plus appropriés à son âge et son état, conformes aux données acquises de la science et ne lui faisant pas courir de risques disproportionés par rapport au bénéfice escompté".

[242] Tribunal da Relação de Lisboa, acórdão de 22 de Março de 2007, n. 5177/2006-2.

15.5. Omissão de *follow up*

Outro possível cenário de responsabilidade médica prende-se com a ausência do adequado *follow up* do paciente durante a toma do medicamento[243]. A monitorização atempada e rigorosa do paciente pode detectar prontamente reacções adversas e outros danos decorrentes do medicamento e, nesta medida, impedir consequências mais gravosas. Ou seja, o médico não será responsabilizado por danos decorrentes de um medicamento que se revelava apropriado no caso concreto quando tais danos resultem de reacções adversas ou de defeito do produto; mas já será responsabilizado por falhas na prestação de cuidados médicos casos não tenha assegurado o adequado *follow up*, não detectando assim a ocorrência dos referidos efeitos atempadamente[244].

Num caso discutido entre nós pelo Supremo Tribunal Administrativo apreciou-se a responsabilidade do médico (mais propriamente do hospital, dado tratar-se de actos médicos praticados em hospital público) face à morte de uma paciente por síndrome neuroléptica maligna[245]. A paciente foi logo à partida erroneamente diagnosticada pelo médico e, por conseguinte, a terapia aplicada – o medicamento Serenelfi – estava igualmente errada. Nenhuma destas condutas foi determinante para assacar responsabilidades ao profissional de saúde, dado que não são necessariamente sinónimo de violação das *leges artis*. Porém, a circunstância de o médico não acompanhar devidamente a paciente durante a toma do medicamento, e por conseguinte, não ter identificado as consequências nefastas que o mesmo causou no estado clínico da paciente, ditaram a condenação do hospital.

[243] *Wiegert v. Goldberg*, 676 N.W.2d 522, 523 (Wis. Ct. App. 2004). Neste caso o médico não identificou um episódio maníaco-depressivo resultante da toma de Temazepam. Apesar de questões processuais terem impedido a condenação do médico, o tribunal considerou a sua conduta negligente.

[244] *Mulder v. Parke Davis & Co.*, 181 N.W.2d 882, 884 (Minn. 1970). O médico receitou à paciente um medicamento cujas indicações vinham acompanhadas de um alerta de possível anemia. O médico ignorou este risco e manteve a medicação mesmo quando a anemia se agravou, causando uma depressão da medula óssea e conduzindo a paciente à morte. O tribunal considerou que o facto de o médico não ter em conta as indicações do fabricante funciona como indício de possível negligência.

[245] Supremo Tribunal Administrativo, acórdão de 23 de Novembro de 2005, n. 0935/04.

Capítulo 16
A responsabilidade do farmacêutico que disponibiliza o medicamento por danos por este causados

16.1. A teoria da não responsabilização do farmacêutico

A responsabilidade do farmacêutico por danos derivados da toma de um medicamento é classicamente relegada para segundo plano[246]. Basicamente, todo o poder de decisão acerca do medicamento a utilizar é atribuído ao médico e, consequentemente, igualmente a responsabilidade por eventuais danos. A isto acresce que tem sido difícil reconhecer um "poder de intromissão" do farmacêutico num domínio no qual o médico é reconhecido como sendo detentor de mais conhecimentos, não apenas de medicina, mas também sobre a condição médica daquele concreto paciente.

De acordo com esta doutrina[247] o farmacêutico não se deve imiscuir no poder de decisão do médico, nem tem conhecimentos para sindicar a sua prescrição. Logo, cabe-lhe apenas disponibilizar o medicamento exactamente tal como foi prescrito[248].

[246] Sobre esta questão *vide* Spillane, 2011: 455.

[247] Marchitelli, 1996: 393 ss.

[248] Veja-se, por exemplo, a decisão da *Corte de Cassazione Civile, sezione III*, decisão de 28 de Março de 2008, n. 8073.

16.2. A teoria da responsabilização do farmacêutico

Mais recentemente alguns autores têm vindo a admitir que as funções do farmacêutico vão para além das de um simples vendedor[249], atendendo aos seus conhecimentos específicos no que respeita à composição dos medicamentos, conhecimentos estes que tendem a ser mais técnicos do que os do médico atenta a profusão de medicamentos existentes hoje em dia[250].

Os possíveis casos de responsabilidade farmacêutica prendem-se com vários distintos cenários. Por vezes houve uma troca de produtos com nomes idênticos, tal como no caso *French Drug Co. v. Jones*[251], no qual um medicamento para a circulação sanguínea foi confundido pelo farmacêutico com uma hormona feminina, devido à semelhança de designações. Outras hipóteses prendem-se com a venda do medicamento correcto, mas segundo a dose errada. No caso *Cazes v. Raisinger*[252] o médico prescrevera que o paciente deveria tomar um comprimido por dia do medicamento Lanoxin para os seus problemas de coração; porém, o farmacêutico escreveu nas instruções que deveria tomar um comprimido a cada quatro horas. Outro possível cenário prende-se com a disponibilização de medicamentos de acordo com a prescrição médica em situações nas quais o farmacêutico tem conhecimento de que daí advirão danos para o paciente. No caso *Happel v. Wal-Mart Stores*[253] um médico prescreveu o medicamento Toradol para dores menstruais a uma paciente, ignorando o facto de tal medicamento ser contra-indicado para pessoas alérgicas a aspirina, mas o farmacêutico, devido aos especiais conhecimentos da sua profissão, tinha conhecimento desse facto, pelo que deveria ter informado a paciente desse facto e alertado o médico.

Também na Europa a responsabilidade do farmacêutico tem vindo a ser afirmada em algumas situações. Por exemplo, na já referida decisão do Tribunal de Recurso de Aix en Provence[254], em que se disputava se a responsabilidade pela sobredosagem da paciente se devia ao médico

[249] Fleischer, 1999: 166-167 e Hornish, 2000: 1076.

[250] Brushwood, 2003: 207.

[251] *French Drug Company*, Inc. *V*. Rollie *Jones*. No. 50672. *Supreme Court of Mississippi*. November 8, 1978.

[252] *Cazes v. Raisinger*, 430 So. 2d 104, 104 (La. Ct. App. 1983).

[253] *Happel v. Wal-Mart Stores, Inc.*, *766* N.E.2d1118, 1121 (Ill. 2002),

[254] *Cour d'Appel* d'Aix en Provence, decisão de 9 de Fevereiro de 2017.

ou ao farmacêutico, o tribunal invocou o artigo R. 4235-48 do Código de Saúde Pública francês[255], segundo o qual o farmacêutico deve realizar uma análise autónoma da prescrição médica no acto de dispensar o medicamento. No caso deveria o farmacêutico ter contactado o médico para confirmar se a dosagem seria efectivamente aquela, tendo até tudo duas oportunidades para o fazer (quando aviou a receita da primeira vez e quando a renovou). O tribunal sublinhou que a competência técnica do farmacêutico lhe permite identificar anomalias e erros na prescrição do médico, logo, não é um mero executor de ordens, especialmente quando o erro (sobredose) seja óbvio.

Esta é também, em nossa opinião, a solução a seguir[256]. As competências e experiência do farmacêutico permitem-lhe (e exigem-lhe) que verifique a validade e consistência da prescrição médica, funcionado como um último controlo para evitar complicações medicamentosas ao paciente[257]. Assim, o farmacêutico tem a obrigação de, à luz dos seus conhecimentos específicos, conferir o conteúdo da receita médica, devendo recusar-se a dispensar o medicamento quando detecte um erro de prescrição, devendo em tais casos contactar directamente o médico para discutir com este a opção terapêutica tomada. Este comportamento não traduz uma usurpação das competências médicas (pelo contrário, não o fazer seria uma usurpação das competências do farmacêutico por parte do médico), mas sim o desempenho cabal das funções e deveres que cabem ao farmacêutico.

[255] "Le pharmacien doit assurer dans son intégralité l'acte de dispensation du médicament, associant à sa délivrance :

1º L'analyse pharmaceutique de l'ordonnance médicale si elle existe;

2º La préparation éventuelle des doses à administrer;

3º La mise à disposition des informations et les conseils nécessaires au bon usage du médicament.

Il a un devoir particulier de conseil lorsqu'il est amené à délivrer un médicament qui ne requiert pas une prescription médicale.

Il doit, par des conseils appropriés et dans le domaine de ses compétences, participer au soutien apporté au patient".

[256] Ainda no âmbito da jurisprudência europeia *vide* as decisões da *Court d'Appel* de Paris, de 6 de Abril de 1990.

[257] Sobre as funções do farmacêutico no que respeita aos cuidados de saúde a providenciar ao paciente veja-se Organización Panamericana de Salud Oficina Sanitaria Panamericana, 1993.

Capítulo 17
A responsabilidade da entidade que concede a AIM por danos causados pelo medicamento

A responsabilidade da entidade que concede a AIM não está abrangida pela Directiva 85/374, pelo que só existirá quando se preencham os requisitos da responsabilidade estabelecida para aquela entidade administrativa nos termos gerais.

Como já referido, a AIM não concede uma absoluta garantia de segurança e eficácia do produto. Por mais estudos e ensaios clínicos que possam ser exigidos, esse é um intento impossível de alcançar. Logo, não existe fundamento legal para accionar a autoridade do medicamento que concedeu a AIM caso o produto em causa venha efectivamente a causar danos aos pacientes, a não ser que se comprove que a autoridade não desempenhou as suas competências de acordo com o estipulado na lei. Ou seja, se a autoridade do medicamento não tiver recusado a AIM não obstante a análise dos riscos e benefícios do medicamento (resultante da análise do material apresentado pelo requerente da AIM) ser claramente negativa, haverá certamente responsabilidade (obviamente, fundada na negligência, não nos termos da responsabilidade objectiva). Fora destes cenários óbvios é difícil construir um caso sólido que responsabilize a autoridade do medicamento que concedeu a AIM por danos causados aos consumidores-pacientes pelo produto autorizado.

Porém, não está de todo excluída uma eventual responsabilização. Assim será quando a autoridade do medicamento falhou em detectar um risco grave do produto, que será identificável mediante uma análise cuidada da informação apresentada pelo produtor; ou que a autoridade do medicamento não se deu conta da ausência da informação que permitiria identificar um risco do produto e que é exigida pelas normas aplicáveis. Caso se conclua que a autoridade do medicamento não detectou um defeito do produto que seria apreensível mediante uma análise diligente dos dados apresentados existe fundamento para considerar este seu comportamento como negligente e daí retirar as competentes consequências legais, incluindo uma indemnização por danos aos consumidores-pacientes lesados

Suponha-se agora a seguinte hipótese: a autoridade do medicamento não detectou um risco, sendo que esse risco não era passível de ser identificado com base na documentação apresentada pela empresa farmacêutica no seu requerimento de AIM. Trata-se agora de saber se o campo de avaliação e controlo desta autoridade está circunscrito ao material apresentado pelo requerente de AIM ou se os seus respectivos deveres de apreciação devem ir para além disso. Caso o defeito só pudesse ter sido identificado mediante uma análise que extravase os dados que o fabricante é chamado a apresentar, não deve existir responsabilização por parte desta autoridade, dado que não lhe pode ser exigido que garanta a absoluta segurança do medicamento[258].

Ou seja, por um lado, a análise risco-beneficio levada a cabo pela autoridade competente apenas pode analisar as informações que o fabricante é obrigado a apresentar de acordo com a lei vigente, não mais do que isso nem menos do que isso. Por outro lado, a AIM não garante a absoluta segurança do produto, mas apenas que os benefícios esperados (avaliados de acordo com a referida informação) suplantam[259] os riscos identificados (também de acordo com a referida informação). Significa isto que a avaliação feita pela autoridade do medicamento se resume ao respeito por níveis mínimos de segurança do produto, sem que a exis-

[258] Só assim não será se a informação não apresentada pelo produtor – a tal informação que teria permitido indentificar o risco em causa – fosse absolutamente essencial para a avaliação do produto, pelo que deveria ter sido exigida pela autoridade do medicamento, ainda que não exigida pela regulamentação vigente. Mas estes serão casos excepcionais, uma vez que é de supor que as regras aplicáveis exigem da empresa farmacêutica toda a informação relevante para a avaliação do medicamento.

[259] O que se pode questionar é se basta que suplantem os riscos ou se se deve exigir que os excedam largamente.

tência de uma AIM permita afirmar que o produto não é defeituoso[260]. A intervenção da autoridade do medicamento tem cariz preventivo e em nada bule com a responsabilidade, necessariamente pós-dano, que possa vir a existir para o fabricante do medicamento[261].

Em Portugal não existe qualquer decisão que envolva a actividade autorizatória do INFARMED, mas no direito comparado pretensões indemnizatórias deste tipo não têm obtido acolhimento. Por exemplo, em Espanha existe diversa jurisprudência relativamente à autorização do medicamento Agreal, tendo sido reiteradamente afirmado que cabe ao demandado provar que à data da autorização já os riscos superavam os benefícios, prova que parece nunca ter sido feita, dado que nenhuma pretensão obteve acolhimento em tribunal.

[260] Parra Lucán, 2014: 17.

[261] Considerações expedidas por Parra Lucán, 2014: 17-18.

Capítulo 18
Análise risco /benefício

A análise risco/benefício é levada a cabo em dois momentos distintos: aquando da concessão da AIM e posteriormente, durante a sua comercialização, no âmbito da actividade de farmacovigilância.

Por exemplo, a substância veraliprida estava autorizada em vários Estado-membros, incluindo Espanha, até que em 2006 foi retirada do mercado espanhol devido à notícia de reacções adversas graves causadas no sistema nervoso dos consumidores-pacientes. Em conformidade com o artigo 31 da Directiva 2001/83, a EMA foi chamada a pronunciar-se sobre o assunto, tendo finalmente recomendado a retirada de circulação de todos os medicamentos que contivessem veraliprida, precisamente porque se considerou que a respectiva análise risco/benefício era negativa[262].

Note-se que a eventual decisão judicial que venha a condenar o laboratório por danos resultantes do medicamento não implica a sua automática retirada do mercado. Esta última é uma decisão que só pode ser tomada pela autoridade do medicamento, ainda que eventualmente fundada em prévias condenações judiciais.

Por outro lado, a existência de uma condenação em virtude de danos causados a um consumidor-paciente concreto não invalida que o medicamento continue a ter benefícios vários para outros consumidores-

[262] Cfr. Vázquez López, 2013.

-pacientes. Por conseguinte, à luz da análise risco-benefício (não feita subjectivamente na perspectiva de um consumidor específico, mas objectivamente, atendendo às legítimas expectativas de um consumidor razoável), pode a autoridade do medicamento concluir que o produto deve ser mantido no mercado por ser do interesse geral a sua comercialização e utilização. Em qualquer caso mantem-se a obrigação de alertar o consumidor-paciente para esses riscos, ainda que se considerem socialmente aceitáveis.

Pode suceder que a autoridade competente não decrete a retirada do medicamento do mercado, mas esta decisão seja voluntariamente tomada pela empresa farmacêutica para evitar eventuais responsabilidades jurídicas e consequentes prejuízos daí derivados. Esta opção comercial da empresa produtora do medicamento nem sempre se revela favorável aos consumidores-pacientes. Com efeito, um mecanismo muito exigente em termos de responsabilidade poderá ter as suas virtualidades, mas tem também os seus inconvenientes. Um deles é que força as empresas a retirar do mercado produtos que, apesar de não serem absolutamente seguros, oferecem aos pacientes em necessidade grandes benefícios, sendo que muitas vezes a sua própria existência – a vida – depende daqueles medicamentos. Por exemplo, em 1998 a farmacêutica Wyeth (actualmente Pfizer) introduziu no mercado uma vacina oral contra o rotavírus, um vírus que causa diarreia e que em certas zonas do globo, como na África subsariana, é uma das principais causas de morte na primeira infância. Embora o medicamento fosse bastante eficaz no combate ao rotavírus, certo é que se se descobriu que estava associado a uma maior incidência de intussuscepção, uma condição em que um segmento do intestino se dobra dentro de outro segmento, mas que raramente tem consequências letais. Não se tratava de uma reacção adversa grave, nem a sua incidência era relevante (estimou-se que 1 caso por cada 10 000 crianças vacinadas), mas ainda assim a Wyeth optou por retirar o produto do mercado, eventualmente com receio de litigância e indemnizações. Porém, a valoração risco-benefício que valia no mundo ocidental era totalmente diferente em certas zonas de África, onde a ausência desta vacina foi causa de elevada mortalidade infantil. Note-se que o medicamento foi retirado em 1999 e apenas em 2006 apareceu outra vacina do mesmo tipo, mas durante esse período de interregno cerca de 3 milhões de crianças africanas morreram vítimas da infecção provocada pelo rotavírus. Embora nem todos os casos pudessem ter sido evitados pela vacina da Wyeth, certamente que muitos o teriam sido[263].

Este leque de considerações revela como a análise risco-benefício é particularmente sensível. Para evitar danos aos consumidores-pacientes (e, há que o reconhecer, para evitar litígios judiciais, quando se trate de decisões tomadas pela empresa farmacêutica) há medicamentos que nunca chegam ao mercado ou que dele são retirados com grave prejuízo para aqueles que deles necessitam.

263 Cf. Lachmann 2012: 1187-1188.

Parte VI
Nanomedicamentos

Capítulo 19
Nanomedicamentos e nanomedicina

19.1. Nanomateriais e nanomedicina

Os nanomedicamentos são fruto da nanotecnologia, a qual pode ser definida como a conjunção de ciência e tecnologia em nanoescala. Trata-se de uma tecnologia que opera com nanomateriais[264], cujas propriedades e funcionalidades diferem muito das dos materiais utilizados nas suas dimensões actuais.

Essa mudança dimensional ocorre porque a nanotecnologia envolve a manipulação de matéria com cerca de 1-100 nanómetros (nm), ou seja, um bilionésimo de metro. Para compreender melhor a nano escala devemos ter em conta que o diâmetro do DNA é 1-2 nm, o do vírus é 3-50 nm e a das células do sangue é de 300 nm[265].

[264] Vejam-se as seguintes definições de nanomateriais providenciadas pela Comissão Europeia: "[t]he term nanomaterials is used in this Communication to cover commonly used terminology such as manufactured (or engineered) nano-sized and nanostructured nanomaterials. The Communication does not address nanomaterials or nanoparticles that occur naturally or are unintentionally produced, e.g. in combustion" (European Commision, 2008) e "a natural, incidental or manufactured material containing particles, in an unbound state or as an aggregate or as an agglomerate and where, for 50 % or more of the particles in the number size distribution, one or more external dimensions is in the size range 1 nm-100 nm. In specific cases and where warranted by concerns for the environment, health, safety or competitiveness the number size distribution threshold of 50 % may be replaced by a threshold between 1 and 50 %. [...]" (European Commision, 2012).

[265] Mais esclarecimentos sobre este aspecto em Bawa, 2016.

As nanopartículas não são criadas exclusivamente pela criatividade humana. Em bom rigor sempre existiram na natureza sob a forma de cinzas vulcânicas, fumo ou vírus. A grande inovação dos tempos actuais é a criação de nanopartículas em laboratório de forma deliberada.

As particularidades dos nanomateriais, especialmente o seu tamanho nanométrico, abrem a porta a novos e produtivos usos no campo da indústria, ciência e medicina[266].

O sector médico tem sido particularmente fértil para o desenvolvimento da nanotecnologia e os resultados alcançados pela nanomedicina neste domínio são surpreendentes[267]. Veja-se, por exemplo, o uso de nanocristais de prata capazes de destruir um amplo espectro de bactérias, inclusivamente com potencial para destruir células cancerígenas sem afectar os tecidos saudáveis circundantes; ou o revestimento de medicamentos usando nanomateriais resistentes à humidade, que-por este motivo permitem prolongar a durabilidade do medicamento. Destaca-se ainda o uso de nanopartículas na vacinação, que apresentam a vantagem de circular continuamente no organismo, possibilitando uma identificação mais efectiva da doença e, consequentemente, o combate mais rápido e efectivo dos seus sintomas. A investigação no âmbito da nanomedicina e dos nanomateriais permitirá também o uso de medicamentos personalizados (*personalized medicine*), uma das grandes promessas na prestação de cuidados de saúde no futuro.

19.2. Riscos dos nanomedicamentos

Ao risco intrínseco apresentado por qualquer medicamento (desenvolvidos em detalhe nos capítulos anteriores) junta-se agora o risco acrescentado pelo uso de nanomateriais, que aumentam o perigo destes produtos[268].

Por exemplo, devido às suas menores (mais precisamente nano) dimensões, as nanopartículas dos nanomedicamentos poderão conseguir ultrapassar as barreiras naturais erguidas pelo corpo humano, penetrando profundamente na corrente sanguínea e nos órgãos e interferindo nos processos bioquímicos do corpo humano. Esta poderá ser uma preo-

[266] Resnik, 2012: 849.

[267] Harris, 2010: 6 ss. e Hartzell, Rotondo, Foster, 2006.

[268] Preble, 2010: 402-206.

cupação premente no caso de produtos tópicos, isto é, destinados exclusivamente a uso externo e não para introdução no corpo, cujos efeitos quando introduzidos no corpo poderão ser letais.

Os perigos da nanotecnologia não conduziram à sua proibição, nem sequer à imposição de uma moratória quanto ao seu uso. Porém, tanto a Comissão Europeia[269] (no quadro europeu) quanto a FDA[270] (nos EUA) se apressaram a emitir novas regras adaptadas às especificidades da nanotecnologia e dos nanomedicamentos.

Os princípios da prevenção e da precaução poderão ser particularmente úteis na gestão dos riscos criados pelos nanomedicamentos.

O modelo tradicional para avaliar e monitorizar novos medicamentos antes da sua chegada ao mercado não é adequado para nanomedicamentos[271]. Esse modelo tradicional opera por meio de uma avaliação científica dos riscos e benefícios, sendo com base em tal avaliação que é tomada uma decisão em relação à comercialização do produto. Porém, a análise de custo-benefício pressupõe obviamente o conhecimento efectivo dos riscos existentes. O problema é que no domínio da nanotecnologia tais riscos são ainda indefinidos, principalmente porque variam substancialmente de acordo com o tamanho do produto e o seu microambiente, ou seja, a forma como o nanomaterial opera no corpo humano pode diferir substancialmente da forma como opera em laboratório[272]. A isto acresce a falta de uniformidade entre os nanomateriais[273], dado que à excepção do tamanho os nanomateriais não compartilham qualquer propriedade comum. Logo, cada um deles requer uma avaliação específica. Estas notas de variabilidade, e mesmo imprevisibilidade, impedem a análise risco-benefício.

No entanto, o nanomedicamento não pode simplesmente ser lançado no mercado sem qualquer tipo de monitorização quanto à sua segurança e eficácia. No campo específico da nanotecnologia, tal monitorização terá que recorrer aos princípios da precaução e da prevenção.

[269] European Commission, 2012.

[270] FDA, 2007: 19 ss.

[271] Resnik, 2012: 850.

[272] Resnik e Tinkle, 2007: 346.

[273] Resnik e Tinkle, 2007: 346.

Parte VII
Prescrição off-label

Capítulo 20
Prescrição off-label: breves notas explicativas

A legislação da UE não oferece uma definição jurídica do que seja a prescrição off-label no âmbito dos medicamentos para uso humano, isto é, na Directiva 2001/83. Contudo, no que respeita aos medicamentos para uso veterinário - Directiva 2001/82/CE[274] - aparece-nos a seguinte definição: "Utilização não contemplada no resumo: qualquer utilização que não esteja em conformidade com o resumo das características do produto, nomeadamente o uso incorrecto ou o abuso grave do medicamento"[275].

Para além das definições legislativas de prescrição off-label há ainda que ter em conta as definições providenciadas pelos organismos competentes. Por exemplo, nas Orientação da EMA sobre Boas Práticas de Farmacovigilância (*Guideline on good pharmacovigilance practices*) a prescrição off-label vem definida como as "situações em que um medicamento é intencionalmente usado para usos médicos que não estão em conformidade com a informação autorizada do produto"[276].

Para compreender cabalmente em que consiste a prescrição off-label há primeiramente que compreender a relação entre prescrição de medi-

[274] Directiva 2001/82/CE do Parlamento Europeu e do Conselho, de 6 de Novembro de 2001, que estabelece um código comunitário relativo aos medicamentos veterinários.
[275] Article 1(16) da Directiva 2001/82.
[276] EMA, 2013: 15.

camentos e AIM. Em princípio, a prescrição de medicamentos funda-se na AIM, concedida pelas autoridades competentes após uma análise cuidadosa dos resultados dos ensaios clínicos apresentados pelo fabricante do medicamento. Num segundo momento a AIM serve de base ao RCM. Ambos definem as condições clínicas, a dosagem, a frequência, a posologia e o grupo de doentes a que o medicamento se destina. Nesse sentido, a AIM e o RCM funcionam como um roteiro para o médico sobre a forma como usar o medicamente.

Como já referido, a AIM não oferece uma garantia de segurança do produto, dado que os medicamentos são sempre produtos de risco, pelo que não há forma de garantir a sua segurança, mesmo que submetidos a todo o processo de controlo e aprovação para aquele específico uso. A segurança que a AIM fornece é sempre e necessariamente limitada. Mas mesmo esta reduzida garantia de segurança apenas vale para aqueles específicos usos que se enquadram no âmbito da AIM. Ou seja, apenas vale para as específicas doenças, as concretas dosagens, os particulares pacientes e os precisos métodos de administração referidos na AIM e no RCM (bem como no folheto informativo que acompanha o medicamento, vulgo bula).

Mas ocasionalmente os médicos prescrevem medicamentos para outra condição médica, usando um método de administração diferente ou uma dosagem diferente, ou a um grupo de pacientes não especificados no RCM (logo, referentes a usos não incluídos na AIM). Ou seja, o médico utiliza o medicamento para além do que consta do seu rótulo – do *label* – uma prática que ficou conhecida como prescrição off-label[277].

Por exemplo, suponha-se um medicamento que deve ser tomado por via de comprimido oral, mas cuja prescrição médica indica que deve ser desfeito numa substância líquida e injectado. Uma vez que a AIM indica uma posologia específica estamos perante um uso que não segue o disposto na AIM, logo, um uso off-label. Aliás, neste caso, não só existe uma prescrição off-label como igualmente uma manipulação de medicamento.

[277] Vejam-se as definições da prescrição off-label da EMA (EMA, 2013: 14).
Sobre o conceito de prescrição off-label *vide* ainda Barbosa e Francisco, 2016; Raposo, 2014b; Raposo, 2016; Raposo, 2017b.

Boa parte dos usos off-label dizem respeito à chamada "extrapolação"[278], ou seja, o medicamento foi autorizado para determinada patologia mas acaba por ser igualmente usado para outras patologias semelhantes[279]. Por exemplo, existem medicamentos autorizados para tratar diabetes, mas que são igualmente prescritos para pacientes com níveis de açúcar elevados, porém, não tão altos que possam ser considerados diabetes, ainda que tais medicamentos não tenham sido expressamente autorizados para casos de pré-diabetes. Ou então suponhamos um medicamento autorizado para tratar pneumonia, mas que os médicos utilizam também para tratar bronquite, igualmente uma forma de infecção pulmonar, mas menos severa.

Noutros casos o que se altera é a quantidade. Durante a epidemia de SARS na China as autoridades de saúde incentivaram os médicos a prescrever antibióticos acima da dosagem regular – ou seja, off-label – para um melhor combate à doença[280].

O uso off-label não deve ser confundido com o uso de medicamentos não autorizados, pois que neste último caso o medicamento não conta com qualquer AIM, ao passo que na prescrição off-label existe de facto uma AIM, mas que não cobre aquele específico uso. O uso de medicamentos não autorizados não é necessariamente ilegal, sendo excepcionalmente admitido no âmbito do uso compassivo de medicamentos.

Tão-pouco deve a prescrição off-label ser confundida com o uso experimental de medicamentos, o qual visa apenas finalidades científicas, ao passo que no caso da prescrição off-label o uso do medicamento destina-se a propósitos terapêuticos (sendo este, aliás, um dos requisitos para a legitimidade desta prática).

[278] Sobre os usos off-label derivados de extrapolações, Kane, 2009.

[279] Seguindo a distinção de Abbott e Ayres, poderemos estar perante uma extrapolação de diagnóstico, uma extrapolação de paciente, uma extrapolação de dosagem ou uma extrapolação de tratamento. Cfr. Abbott e Ayres: 2014: 379.

[280] Cfr. Keith e Lin: 2007.

Não obstante os seus benefícios, e até a sua inevitabilidade[281], a prescrição off-label tem sido atacada de diversas formas[282]. Por exemplo, nem sempre é clara a base científica da prescrição off-label[283] e a partir daqui tem-se argumentado que alguns usos off-label não passam de experimentação científica. Outro argumento invocado contra si é que a admissibilidade da prescrição off-label deita por terra o mecanismo de aprovação de medicamentos,[284] o qual assenta na existência de uma AIM específica para cada medicamento. Por outro lado, teme-se que a prescrição off-label impeça conhecimentos científicos mais profundos sobre os medicamentos, uma vez que as empresas farmacêuticas não terão incentivo suficiente para conduzir ensaios clínicos[285]. Porém, a sua inexistência é praticamente impossível de evitar na prática médica actual, como de seguida demonstraremos.

[281] Dada a sua crescente frequência a prescrição off-label chamou a atenção do Parlamento Europeu, que em várias das suas Resoluções solicitou a preparação da lista de medicamentos comunmente utilizados off-label, e das respectivas alternativas terapêuticas devidamente aprovadas, bem como a emissão de orientações para utilizações off-label, com vista ao controlo desta prática.
Por exemplo, European Parliament, Resolution of 22 October 2013 on the Report from the Commission to the Council on the Basis of Member States' Reports on the Implementation of the Council Recommendation (2009/C 151/01) on Patient Safety, Including the Prevention and Control of Healthcare-associated Infections (2013/2022(INI). 2013, at http://www.europarl.europa.eu/sides/getDoc.do?pubRef=-//EP//NONSGML+REPORT+A7-2013-0320+0+DOC+PDF+V0//EN e Resolução do Parlamento Europeu, de 19 de maio de 2015, sobre cuidados de saúde mais seguros na Europa: melhorar a segurança dos pacientes e combater a resistência antimicrobiana (2014/2207(INI)), at http://www.europarl.europa.eu/sides/getDoc.do?pubRef=-//EP//TEXT+TA+P8-TA-2015-0197+0+DOC+XML+V0//PT

[282] Expondo as críticas à prescrição off-label, e rebatendo-as, veja-se Raposo, 2014.

[283] Radley, Finkelstein, Stafford, 2006:1021–1026.

[284] Ghinea, Lipworth, Kerridge, 2015 e Ghinea, Kerridge, Little, 2016.

[285] Ratner e Gura, 2008: 867–875.

Capítulo 21
Enquadramento da prescrição off-label no direito europeu

O direito europeu não contém uma autorização expressa da prescrição off-label. Contudo, esta omissão não significa que a prescrição off-label não obtenha de alguma forma acolhimento na Directiva 2001/83/CE. O artigo 5 deste diploma é comummente considerado o fundamento desta prática no que aos medicamentos para uso humano respeita. Dispõe a referida norma: "De acordo com a legislação em vigor e a fim de responder a necessidades especiais, um Estado-Membro pode excluir das disposições da presente directiva os medicamentos fornecidos para satisfazer uma encomenda leal e não solicitada, elaborados de acordo com as especificações de um médico reconhecido e destinados aos seus doentes sob a sua responsabilidade pessoal directa". Embora em bom rigor o preceito se refira a uma prática distinta, o uso compassivo, o facto de permitir que os medicamentos possam ser fornecidos aos pacientes mesmo sem que disponham de uma AIM revela que o legislador europeu não se opõe terminantemente a esta possibilidade[286], embora pre-

[286] Também o Regulamento 726/2004 acolhe a hipótese de uso de um medicamento não devidamente licenciado, ao autorizar o uso compassivo. Apesar de se tratar de duas realidades diferentes, ambas demonstram que o direito europeu não é intransigível no que respeita à exigência de uma AIM.

tenda sem dúvida mantê-la como excepção[287]. Além disso, a Directiva 2004/27/CE[288] veio inserir na Directiva 2001/83 o artigo 126º-A, que permite a comercialização de produtos cuja aprovação está ainda pendente, desde que tal decisão seja justificada por razões de saúde pública.

[287] Como se demonstra, entre outros elementos, pelo facto de a Directiva 2001/83 instruir os Estados-Membros a proibir qualquer publicidade off-label aos medicamentos: "Todos os elementos da publicidade dos medicamentos devem estar de acordo com as informações constantes do resumo das características do produto" (artigo 87/2).

[288] Directiva 2004/27/CE do Parlamento Europeu e do Conselho de 31 de Março de 2004 que altera a Directiva 2001/83/CE que estabelece um código comunitário relativo aos medicamentos para uso humano.

Capítulo 22
Razões explicativas da prescrição off-label

Num mundo ideal não existiria prescrição off-label porque todos os medicamentos utilizados teriam sido submetidos a uma vasta panóplia de ensaios clínicos e controlos. Apenas os que tivessem passado por esse exigente crivo – ou seja, aos quais tivesse sido concedida uma AIM pela autoridade do medicamento competente para todos os seus hipotéticos usos – poderiam ser prescritos aos paciente.

Porém, este cenário é meramente utópico, pois que varias razões concorrem para que seja impossível afastar por completo o uso off-label de medicamentos. De certa forma, são os próprios constrangimentos do processo de requerimento de uma AIM que conduzem à prescrição off-label[289], pois que o processo se revela tão longo e tortuoso que desmotiva muitas empresas farmacêuticas de o iniciar.

O que hoje se constata é que as utilizações off-label têm sido particularmente impulsionadas por preocupações financeiras. Por um lado, pela intenção de lucro que motiva as empresas farmacêuticas, seja lucro directo derivado de um aumento nas vendas, seja lucro indirecto que acaba por resultar da diminuição de riscos económicos e de riscos legais (por exemplo, responsabilidade pelos danos causados em sede de ensaios clínicos) que poderiam expor a empresa à redução de lucros.

[289] Johnson, 2008: 72.

Por outro lado, por políticas de saúde governamentais, especialmente em contextos de austeridade, mais focadas no controle de despesas do que na saúde pública e na segurança do paciente[290].

22.1. Recusa ou atraso na atribuição da AIM

Por vezes a AIM para determinado uso é recusada porque a entidade reguladora entende não haver demonstração científica suficiente, logo, recusa a entrada do medicamento no mercado[291] (de facto, o actual sistema regulatório apresenta uma percentagem muito alta de recusa de AIM's[292]). Contudo, e não obstante esta recusa, os profissionais de saúde prescrevem o medicamento para o propósito relativamente ao qual a AIM foi recusada porque sabem que o medicamento pode ser usado de forma segura e eficaz para aquele uso.

Poder-se-ia eventualmente criticar o grau excessivo de exigência envolvido neste procedimento, dado que a recusa de uma AIM pode impedir o uso do medicamento por pacientes que dele necessitam e, nessa medida, constituir um perigo em sede de saúde pública. Porém, e por outro lado, este grau de exigência funciona como uma poderosa barreira que impede a concessão da AIM a muitos medicamentos potencialmente perigosos.

Outro possível cenário refere-se a casos em que a AIM para um concreto uso não foi ainda negada, estando em processo de avaliação. Contudo, dado que se trata de um processo muito moroso, pode suceder que durante o longo período de espera os médicos comecem já a prescrever o medicamento para esse uso, o que configura igualmente um caso de prescrição off-label.

22.2. Decisão empresarial de não requerer a AIM para determinado uso

As situações mais frequentes de uso off-label de medicamentos são aquelas em que a AIM para aquele específico uso não foi sequer requerida devido a opções de estratégia comercial do produtor. De facto,

[290] Deloitte, 2013; Quaglioa, Karapiperisa, Woensela et al., 2013.

[291] EMA, 2005.

[292] Tafuri, Trotta e Leufkens, 2013: 1149-1151.

é frequente que a empresa farmacêutica não requeira uma AIM para todos os possíveis usos de um produto, não obstante ser do seu conhecimento (e até do conhecimento da comunidade científica) que o medicamento pode ser seguro e eficaz para esses outros usos. A questão é que por mais benéfico que o medicamento possa ser, o requerimento de AIM tem que ser apresentado pela empresa farmacêutica e não por qualquer outra entidade, seja o Estado, a entidade reguladora ou mesmo grupos de pacientes.

Esta estratégia da empresa farmacêutica relaciona-se em regra com o seu plano de gestão de riscos, sejam riscos jurídicos sejam económicos. Com efeito, o licenciamento de um medicamento implica um investimento exorbitante que acabará por ser inteiramente perdido caso a AIM seja negada. Cada pedido de AIM envolve uma enorme variedade de ensaios clínicos e pesquisas adicionais, que tornam o procedimento longo e custoso, não apenas devido às exigências burocráticas, mas sobretudo devido aos ensaios clínicos requeridos. Estes encargos justificam que a empresa farmacêutica opte por evitar todos os custos e riscos envolvidos nos ensaios clínicos, ainda que isso implique não obter a AIM para aquele específico uso do medicamento. Porém, uma vez que é sabido pela comunidade médica que o medicamento produz efeitos positivos para essas utilizações não incluídas na AIM, o medicamento acaba por ser prescrito também para esses usos.

Entre as mais frequentes razões pelas quais a empresa farmacêutica poderá decidir não requerer a AIM para determinado uso terapêutico contam-se o receio dos riscos acarretados pelos ensaios clínicos necessários para requerer a AIM e a reduzida expectativa de lucros.

22.2.1. *Riscos envolvidos nos ensaios clínicos*

O temor de responsabilidades associadas a ensaios clínicos é especialmente relevante quando estes envolvam "populações vulneráveis", tais como grávidas, crianças e idosos. Esta categoria de intervenientes pode requerer técnicos especializados, as exigências legais são muitas vezes acrescidas (por exemplo, a questão do consentimento de pacientes menores), pode suceder que o ensaio clínico pressuponha um maior número de participantes (mulheres em diferentes estádios da gestação, crianças de diversas idades), entre outras particularidades que explicam que a prescrição off-label seja particularmente frequente na medicina obstétrica[293], pediátrica[294] e geriátrica[295].

22.2.2. *Reduzida expectativa de lucros*

Outro factor desmotivador do pedido de AIM prende-se com a relação entre o lucro expectável e o investimento exigido para a AIM[296]. Por exemplo, pode suceder que os retornos esperados não sejam suficientemente atraentes porque o medicamento competirá com outros produtos há mais tempo disponíveis no mercado e que já conquistaram a sua quota de vendas. Ou então o número de potenciais consumidores é baixo, o que igualmente reduz a expectativa de lucro, tal como é frequente suceder no contexto de doenças raras, conhecidas na legislação da UE como "doenças órfãs"[297]. Trata-se de doenças cronicamente debilitantes ou que ameaçam a manutenção da vida e que afectam um pequeno número de pessoas. Tal como definido no regulamento da UE relativo aos medicamentos órfãos, "[d]evem ser estabelecidos critérios objectivos de designação dos medicamentos órfãos; tais critérios devem basear-se na prevalência da patologia objecto de diagnóstico, prevenção ou tratamento; geralmente considera-se adequado como limite uma prevalência de até cinco casos por 10 mil pessoas; os medicamentos destinados a patologias que ponham a vida em perigo, sejam gravemente debilitantes ou sejam graves e crónicas devem beneficiar de incentivos, ainda que a prevalência seja superior a cinco casos por 10 mil pessoas"[298]. Por conseguinte, não há expectativa de um grande volume de vendas, tornando o investimento nestes usos do medicamento pouco atraente e levando ao crescimento exponencial de prescrições off-label no domínio das doenças órfãs[299].

[293] Jörg, 2007.

[294] Veja-se a este respeito Duarte, 2006: 12-13; Duarte e Fonseca, 2008: 17-23; EMA, 2002; EMA, 2004; European Commission, 2013; Hill, 2005: i17–i18; Langerová, Vrtal e Urbánek, 2014; Lenk e Duttge, 2014: 539; Mason, Pirmohamed e Nunn, 2012: 21-28; Neubert, Wong, Bonifazi et al., 2008: 316-322; Ribeiro, 2011; Rocchi, Paolucci e Ceci, 2010; Royal College of Paediatrics and Child Health, 2010; Bastos, 2015.

[295] Harding e Peel, 2013.

[296] KCE, 2015: 10 ss.

[297] Puiu e Dan, 2010.

[298] Regulamento nº 141/2000, ponto 5 do Preâmbulo.

[299] Vrueh, Baekelandt e Haan, 2013.

Para aumentar o número de produtos disponíveis para doenças órfãs a UE tem promovido medidas de incentivo às companhias farmacêuticas com vista ao investimento neste tipo específico de usos, tais como o já referido Regulamento 141/2000 e a criação do Comité para Medicamentos Órfãos no contexto da EMA. A listagem dos medicamentos actualmente considerados como medicamentos destinados a doenças orfãs pode encontrar-se em Orphanet, Lists of medicinal products for rare diseases in Europe, Orphanet Report Series, Orphan Drugs collection, April 2018[300].

A nota anedótica é que hoje em dia não só medicamentos não-órfãos são objecto de uso off-label para pacientes com doenças órfãs, como paralelamente os medicamentos órfãos estão a ser usados off-label para outras condições médicas, mas ainda beneficiando do estatuto particular de medicamento órfão. Um bom exemplo desta subversão é o caso do medicamento Revatio, originalmente criado para tratar a hipertensão arterial pulmonar em adultos e crianças, uma condição muito rara que levou à sua classificação como medicamento órfão em 2003[301]; no entanto, actualmente está também a ser usado como um substituto do Viagra porque ambos têm o mesmo ingrediente activo[302].

Em todos estes casos em que o lucro esperado não é suficientemente apelativo, as empresas farmacêuticas tendem a considerar que não lhes compensa o esforço e investimento envolvido no requerimento de AIM para aquele específico uso terapêutico, eventualmente na expectativa que o uso off-label se generalize, providenciando-lhes assim uma boa percentagem de lucro praticamente sem investimento[303] (porém, não sem riscos).

22.3. Redução de custos no sector da saúde

22.3.1. *O custo dos medicamentos*

A pressão dos preços e o custo dos medicamentos[304] são factores que não podem deixar de ser considerados aquando da escolha do medica-

[300] Orphanet, 2018.
[301] http://www.eespof.gr/en/orphan-drugs-revatio.
[302] http://www.pharmacistanswers.com/revatio-for-erectile-dysfunction.html.
[303] Stafford, 2008: 1427-1429.
[304] Klose, 2006.

mento a usar. Num cenário ideal estas considerações seriam irrelevantes, mas no mundo real alguns medicamentos têm um preço tão exorbitante que se tornaram um fardo enorme para os pagadores[305] (o serviço nacional de saúde, esquemas privados de seguro de saúde ou mesmo os próprios pacientes), o que os obriga a procurar alternativas mais baratas para reduzir os encargos financeiros, mesmo que o medicamento substituto não tenha sido especificamente autorizado para a condição médica em causa.

O dilema torna-se particularmente complexo sempre que o medicamento mais barato usado off-label pretenda substituir um medicamento devidamente aprovado (o exemplo paradigmático deste cenário é o caso dos medicamentos Lucentis e Avastin, ao qual nos referiremos mais adiante neste estudo). Nestes casos o paciente poderia ter acesso a um medicamento autorizado para a sua condição particular, mas acaba sendo privado desse medicamento devido a considerações económicas.

Apesar do que ficou dito, a prescrição off-label economicamente fundamentada poderá não ser fonte de poupança para o pagador, mas de prejuízo. Tradicionalmente os usos off-label não são cobertos pelos serviços nacionais de saúde nem pelos mecanismos privados de seguro de saúde, forçando o próprio paciente a custear o preço do produto. Logo, a aparente economia pode eventualmente tornar-se um custo para o paciente.

Este cenário tem vindo a ser revertido em algumas ordens jurídicas, que optaram por estender a cobertura do respectivo serviço nacional de saúde a este tipo particular de prescrição off-label. Com efeito, muitos governos europeus têm vindo a criar legislação destinada a fornecer cobertura legal à prescrição off-label de medicamentos mais baratos para garantir o seu reembolso.

22.3.2. *Reembolso do custo dos medicamentos usados off-label*

A avaliação do enquadramento jurídico da prescrição off-label exige duas considerações diferentes: primeiro, determinar se a lei proíbe esta prática, se a autoriza ou até mesmo se a impõe; e segundo, caso se conclua que se trata de uma prática legítima, determinar se as utilizações de medicamentos off-label são reembolsadas pelo respectivo serviço

[305] Deangelis, 2016.

nacional de saúde ou por seguradoras que ofereçam seguros privados de saúde.

O reembolso é regulado pelo direito europeu (nomeadamente pela Directiva 899/105/CEE)[306], mas de uma forma que deixa completa liberdade aos Estados-Membros relativamente à decisão sobre quais os medicamentos que podem ser reembolsados e como. Não existe sequer uma proibição expressa de reembolso de medicamentos prescritos off--label. No entanto, as regra de reembolso neste cenário não podem aniquilar o sistema de autorização de medicamentos, conforme estipulado pelo direito europeu.

A decisão sobre quais os medicamentos a ser reembolsados deverá ter em consideração o respectivo valor terapêutico e os benefícios clínicos desse medicamento em comparação com os benefícios das respectivas alternativas terapêuticas, sendo que estes dois elementos de avaliação são amplamente ditados por critérios de segurança e eficiência. No entanto, no caso de utilizações off-label esses dados são desconhecidos, não apenas porque nem todas as informações que seriam pertinentes estão disponíveis (ao invés do sucede com os medicamentos autorizados, em que tais dados são facultados pelos estudos e ensaios clínicos realizados no âmbito do processo de obtenção da AIM), mas também porque na maioria das vezes não existem registos das prescrições off-label realizadas nem muito menos das suas reacções adversas[307]. Dada a quase total falta de dados, as autoridades nacionais não estão dispostas a reembolsar um medicamento nessas condições.

No entanto, essa dificuldade não significa que o reembolso de medicamentos usados off-label seja impossível. Este resultado ainda pode ser possível considerando critérios como a extensão do desvio entre o uso off-label e o uso autorizado pela AIM, as necessidades específicas que conduziram àquele uso off-label no contexto do direito à assistência médica e as alternativas terapêuticas disponíveis.

Com efeito, alguns países estão actualmente a reembolsar os custos de medicamentos usados off-label. Esta solução, em si mesma, não é

[306] Directiva 89/105/CEE do Conselho de 21 de Dezembro de 1988 relativa à transparência das medidas que regulamentam a formação do preço das especialidades farmacêuticas para uso humano e a sua inclusão nos sistemas nacionais de seguro de saúde.

[307] Weynants e Schoonderbeek, 2010.

intrinsecamente problemática. O que a torna um problema é que na base destas opções legais não estão propriamente as motivações acima referidas, mas uma pura avaliação dos custos económicos do medicamento devidamente autorizado face ao custo do medicamento usado off-label.

22.3.3. *Considerações económicas na opção entre Avastin e Lucentis*

O caso Avastin / Lucentis revela-se um *case study* interessante para avaliar a predominância de motivações financeiras na prestação de cuidados de saúde, eventualmente em detrimento da segurança do paciente[308].

Para compreender este caso devemos começar por analisar a origem destes dois medicamentos. Ambos foram desenvolvidos pela Genentech, uma empresa de biotecnologia do Grupo Roche. O Lucentis (ranibizumab) foi especificamente concebido para tratar doenças dos olhos, tais como a degeneração macular da idade (DMI), sendo que estes são os usos expressamente cobertos pela respectiva AIM. Diferentemente, o Avastin (bevacizumab) foi criado para tratar alguns tipos de carcinoma não relacionados com condições oculares, pelo que a sua AIM não cobre esse tipo de uso. No entanto, o facto é que tanto o Lucentis quanto o Avastin podem tratar doenças oculares, razão que leva vários médicos em todo o mundo a prescrever Avastin para a DMI.

A segurança e eficácia do Avastin para tratar problemas do foro ocular ainda hoje é debatida, dado que os estudos realizados chegaram a diferentes conclusões. Alguns afirmam que o Avastin não apresenta um risco mais elevado de incidentes adversos[309], ao passo que outros defendem o contrário, sublinhando que embora ambos os fármacos sejam igualmente eficazes a possibilidade de reacções adversas é muito maior com Avastin[310].

O principal motivador para a escolha do medicamento Avastin em casos de problemas oculares é financeiro. Com efeito, embora os preços destes medicamentos variem de país para país, em geral pode afirmar-se que o medicamento Lucentis é quase 10 vezes mais caro que o Avastin. A diferença de preço é tão dramática que já se afirmou que ainda que se

[308] Osborn, 2010; Raposo, 2017a: 44 ss.

[309] KCE, 2015; Rothwell, Fonseca, Ribeiro et al., 2014.

[310] The Catt Research Group, 2011.

comprove ser o Lucentis mais eficaz que o Avastin, tal facto poderá não ser suficiente para estabelecer o seu uso. Num estudo analítico realizado nos EUA em 2007, numa altura em que no mercado norte-americano o preço da Lucentis era 100 vezes superior ao preço do Avastin, os autores concluíram que o "[r]anibizumab is not cost effective compared to bevacizumab at current prices unless it is at least 2.5 times more efficacious", sendo que no final se concluiu que "[h]owever, in observational studies bevacuzimab appears to have similar efficacy"[311].

Por consequinte, parece que prescrever Avastin é a decisão lógica. O problema com essa escolha aparentemente racional diz respeito à segurança do paciente. Com efeito, o Avastin não foi especificamente testado para doenças oculares, o que levanta óbvias dúvidas sobre sua eficiência e segurança

Mas outro problema igualmente se vislumbra. De facto, mesmo que o Avastin se comprove tão seguro quanto o Lucentis para o tratamento da DMI, a circunstância de exigir uma manipulação cria uma nova fonte de risco. Com efeito, o Lucentis é comercializado tendo em vista injecção intravítrea; logo, é empacotado em pequenas doses, conforme necessário para esse uso. Em compensação, a embalagem de Avastin é muito maior porque o produto foi concebido para outros fins, o que torna necessário dividi-lo em porções menores, adequadas para injecções oculares. O problema é que a manipulação de medicamentos é uma prática perigosa, não só porque aumenta o risco de contaminação, mas também pelo risco de confundir as embalagens, como se suspeita que tenha ocorrido no incidente que teve lugar no Hospital de Santa Maria, acreditando-se que este facto terá levado à aplicação de um produto errado nos olhos de seis pacientes, deixando-os irreversivelmente cegos, total ou parcialmente[312].

A farmacêutica Roche, que detém o medicamento Avastin, ficou preocupada com o crescente uso off-label do seu produto, consciente de que esse facto, ainda que lucrativo, poderia aumentar substancialmente o risco de litígio judicial. Por conseguinte, tem divulgado comunicações

[311] Raftery, Clegg, Jones et al, 2007.

[312] http://www.cuatrecasas.com/media_repository/gabinete/publicaciones/docs/1384185176en.pdf

alertando os médicos para os potenciais riscos envolvidos na prescrição off-label de seu medicamento[313].

No entanto, o facto é que o bevacizumab está actualmente incluído na lista de medicamentos essenciais da OMS[314] na secção de preparações anti-factor vascular endotelial de crescimento, o que leva à conclusão de que as considerações económicas estão a tomar a liderança[315].

[313] E-mail statement from Roche to Bloomberg, Italy to Fund Unapproved Use of Roche Drug to Cut Costs, from 11 June 2014, at http://www.bloomberg.com/news/articles/2014-06-10/italy-to-fund-unapproved-use-of-roche-drug-to-cut-costs

[314] WHO. Annex 1 19th WHO Model List of Essential Medicines 2015. Disponível em http://www.who.int/medicines/publications/essentialmedicines/EML2015_8-May-15.pdf

[315] Picard, 2015.

Capítulo 23
Algumas considerações sobre saúde pública e constrangimentos financeiros

23.1. Prescrição off-label e saúde pública

A primeira premissa a ser levada em consideração nesta análise é que a AIM não oferece uma garantia absoluta de segurança[316]. A existência de uma AIM não implica que o medicamento seja absolutamente seguro, tanto mais que a avaliação levada a cabo para conceder a AIM tomou em consideração apenas os restritos usos e os específicos pacientes descritos no pedido de AIM, e nem mesmo no que diz respeito a estes a AIM consegue garantir que o medicamento seja absolutamente seguro.

Se isto é verdade, também é certo que o uso off-label não implica necessariamente danos para o paciente. Assim é porque muitos dos medicamentos usados off-label são muito similares em composição aos medicamentos licenciados. As razões pelas quais os fabricantes não solicitam uma AIM com relação àquele uso específico podem ser totalmente alheias às expectativas de segurança e eficácia do medicamento no seu uso off-label, e relacionar-se apenas com as estratégias comerciais da empresa farmacêutica, principalmente relacionadas com a gestão de riscos legais e financeiros.

[316] *Vide* Lenk e Duttge, 2014: 541; L'Ecluse, Longeval e T'Syen, 2013; Plate, 2009: 83 ss.; Raposo, 2013b: 275 ss.

No entanto, é legítimo supor que o uso off-label aumenta o nível de risco, dado que em regra conta com menos bases científicas (ensaios clínicos, estudos) do que os usos on label.

23.2. As experiências europeias no sentido de recorrer ao uso off-label para reduzir custos com a saúde

Uma das mais frequentes motivações actuais da prescriçãoo off-label é a redução de custos, o que pressupõe o uso do medicamento mais barato, mesmo que não licenciado para aquele uso. Por esta razão, muitos governos têm vindo a criar legislação destinada a fornecer uma base legal para a prescrição off-label de medicamentos mais baratos do que os medicamento expressamente autorizados para aquele uso[317].

O primeiro país europeu a seguir esse caminho foi a Itália. A prescrição off-label há muito era expressamente reconhecida no país por força da Lei nº 648/1996[318], que autoriza usos off-label desde que cumpridos certos requisitos, em particular a ausência de alternativa terapêutica válida. Com base neste regime, o uso off-label pode ser reembolsado pelo serviço nacional de saúde e, para esse fim, a agência farmacêutica italiana (Agenzia Italiana del Farmaco) mantém uma lista periodicamente actualizada de todos os medicamentos que permitem o reembolso, a chamada Lista 648. Mais tarde, a Lei nº 94/1998[319] veio permitir que os médicos, sob a sua própria responsabilidade e mediante o respeito por certos requisitos, prescrevessem off-label, embora não se previsse o reembolso do medicamento. Finalmente, em 2014 o Decreto-Lei nº 36/2014[320] veio conferir base legal expressa à prescrição off-label de medicamentos mais baratos, uma vez que este diploma passou a admitir

[317] Sobre a situação em vários países europeus *vide* KCE, 2015; Raposo, 2017a: 49-52.

[318] Legge 23 dicembre 1996, n. 648, "Conversione in legge del decreto-legge 21 ottobre 1996, n. 536, recante misure per il contenimento della spesa farmaceutica e la rideterminazione del tetto di spesa per l'anno 1996", at http://www.parlamento.it/parlam/leggi/96648l.htm

[319] Legge 8 aprile 1998, n. 94, "Conversione in legge, con modificazioni, del decreto-legge 17 febbraio 1998, n. 23, recante disposizioni urgenti in materia di sperimentazioni cliniche in campo oncologico e altre misure in materia sanitaria", at http://www.camera.it/parlam/leggi/98094l.htm

[320] Decreto-Legge 20 marzo 2014, n. 36, Disposizioni urgenti in materia di disciplina degli stupefacenti e sostanze psicotrope, prevenzione, cura e riabilitazione dei relativi stati di tossicodipendenza, di cui al decreto del Presidente della Repubblica 9 ottobre 1990,

a inclusão de uso off-label de medicamentos na Lista 648, permitindo assim seu reembolso. O reembolso é agora possível mesmo na presença de um medicamento especificamente autorizado para o mesmo uso, desde que alguns requisitos sejam preenchidos: uma avaliação de custo-efectividade, o reconhecimento desse uso off-label pela comunidade científica e a sua conformidade com a investigação científica desenvolvida até ao momento. Em suma, o reembolso das utilizações off-label tornou-se principalmente dependente de considerações de custo-benefício, o que permite o reembolso do Avastin em vez do Lucentis para tratar a DMI.

Esta opção legal gerou muita controvérsia e até o Tribunal Constitucional italiano foi chamado a intervir, tendo decidido que a agência farmacêutica italiana poderia incluir na Lista 648 produtos que são usados off-label em substituição de medicamentos devidamente autorizadas[321].

No entanto, alguns anos antes o Tribunal Constitucional italiano adoptara uma abordagem diferente em relação à prescrição off-label, embora os eventos em causa fossem diferentes. Em 2011 o Tribunal declarou a ilegalidade de uma norma pertencente a uma lei regional[322] que autorizava a prescrição de medicamentos não aprovados para determinado uso, desde que apresentassem o mesmo grau de segurança e eficácia reconhecidos aos medicamentos portadores de AIM para o uso em causa, com vista à redução dos gastos com medicamentos[323]. O Tribunal condenou esta prática porque considerou que o executivo regional usurpara funções que legalmente cabiam à autoridade responsável para verificar a segurança e eficácia dos medicamentos. Nesta decisão a jurisdição constitucional enfatizou que permitir que as administrações regionais decidissem livremente que medicamentos poderiam ser prescritos nos seus respectivos hospitais criaria profundas desigualdades entre os habitantes das várias partes do país. Ou seja, os cidadãos que tivessem a infelicidade de viver numa área que permitisse o uso de medicamentos não especificamente autorizadas ficariam claramente

n. 309, nonche' di impiego di medicinali meno onerosi da parte del Servizio sanitario nazionale, at http://www.gazzettaufficiale.it/eli/id/2014/3/21/14G00047/sg

[321] *Corte Costituzionale*, decisão de 19 de Maio de 2014, n. 151. Disponível em http://www.cortecostituzionale.it/actionSchedaPronuncia.do?anno=2014&numero=151

[322] *Legge della Regione Emilia-Romagna*, n. 24, 22.12.2009.

[323] *Corte Costituzionale*, decisão de 10 de Janeiro de 2011, n. 8. Disponível em http://www.cortecostituzionale.it/actionSchedaPronuncia.do?anno=2011&numero=8

em desvantagem em comparação àqueles cuja administração regional cumpria estritamente as regras sobre licenciamento de medicamentos, tal como estabelecidas pelas autoridades farmacêuticas competentes. No entanto, aquando da sua intervenção em 2014 este argumento havia perdido o seu valor, uma vez que a medida em causa não fora adoptada por uma única região, mas por todo o território italiano.

Também o governo francês optou por um mecanismo semelhante com vista à redução de custos no orçamento da saúde[324]. Em 2011 surgiu a Lei nº 2011-2012, de 29 de Dezembro de 2011, destinada (entre outros propósitos) a regular as utilizações off-label[325]. A referida lei modificou várias normas do Código de Saúde Pública[326] (CSP), de forma a fornecer bases legais para a prescrição off-label, sempre sob a responsabilidade de um médico em obediência ao melhor interesse do paciente. Significa isto que os médicos podem escolher livremente o tratamento que consideram mais adequado para a condição do paciente naquela situação particular, de acordo com a estrutura legal existente e os dados científicos conhecidos, para "garantir um tratamento seguro, eficaz e de alta qualidade" (artigo R.4127-8) do CSP)[327].

Daqui decorre que em França os médicos podem prescrever medicamentos que não tenham uma AIM em conformidade com duas figuras distintas: a Autorização Temporária de Uso (Autorisation Temporaire d'Utilisation, ATU) e a Recomendação Temporária de Uso (Recommandation Temporaire d'Utilisation, RTU). A ATU é emitida pela Agência Nacional de Segurança para Medicamentos e Produtos de Saúde (Agence Nationale de Sécurité du Médicament et des Produits de Santé – ANSM) e destina-se a fornecer um quadro jurídico para a utilização de novos tratamentos, ainda não autorizados, quando uma avaliação risco-benefício endosse esse uso. Em contrapartida, a RTU também

[324] Degrassat-Théas, Bocquet, Sinègre et al., 2015.

[325] Loi n. 2011-2012 du 29 décembre 2011 relative au renforcement de la sécurité sanitaire du médicament et des produits de santé. Disponível em https://www.legifrance.gouv.fr/affichTexte.do?cidTexte=JORFTEXT000025053440&fastPos=1&fastReqId=2124568793&categorieLien=cid&oldAction=rechTexte

[326] Code de la santé publique. Disponível em https://www.legifrance.gouv.fr/affichCode.do?cidTexte=LEGITEXT000006072665&dateTexte=20180417

[327] "Dans les limites fixées par la loi et compte tenu des données acquises de la science, le médecin est libre de ses prescriptions qui seront celles qu'il estime les plus appropriées en la circonstance".

é emitido pela ANSM após uma avaliação de risco-benefício, mas para medicamentos que já foram autorizados no mercado francês, embora relativamente a usos não cobertos por essa autorização (Artigo L5121-12 e R5121-76 CSP)[328].

A configuração do RTU mudou ao longo dos anos. Inicialmente tinha como objectivo permitir a prescrição off-label apenas em determinados cenários – medicamentos caros e inovadores, condições raras ou doenças duradouras – e tão-só quanto a ANSM confirmasse a existência de forte justificação científica. Em qualquer caso, a prescrição off-label não era permitida se existisse outro medicamento expressamente autorizado para o mesmo fim. No entanto, quando as autoridades francesas perceberam que esta prática poderia permitir grandes poupanças no serviço nacional de saúde, várias RTU's destinadas a restringir custos começaram a ser emitidas, mesmo em presença de uma alternativa terapêutica autorizada[329]. Em 2013 houve mesmo uma tentativa de criar um tipo de RTU exclusivamente baseada em considerações económicas. No entanto, esta medida não entrou em vigor, nomeadamente devido às repercussão de uma célebre decisão do TJUE – Comissão contra Polónia – que acabou na condenação do estado polaco por fazer predominar considerações economicistas nas políticas da saúde[330]. Receando uma condenação semelhante, o legislador francês foi assim forçado a atenuar essa intenção, excluindo as referências económicas expressas. Ainda assim, o CSP acabou por permitir que RTU's fossem concedidas mesmo quando estivesse disponível para o uso em causa um medicamento devidamente aprovado. Nesta linha de raciocínio, em 2015 foi concedida uma RTU ao medicamento Avastin (bevacizumab) para tratamento de doenças do foro oftalmológico[331], desconsiderando a oposição da Roche, o que por sua vez conduziu a um conflito judicial entre a Roche e o governo francês[332].

[328] Loi n. 2011-2012 du 29 décembre 2011 relative au renforcement de la sécurité sanitaire du médicament et des produits de santé. Disponível em https://www.legifrance.gouv.fr/affichTexte.do?cidTexte=JORFTEXT000025053440&fastPos=1&fastReqId=2124568793&categorieLien=cid&oldAction=rechTexte.
Mais informação em Burton, 2015.

[329] Degrassat-Théas, Bocquet, Sinègre et al., 2015.

[330] Acórdão de 29 de Março de 2012, *Comissão contra Polónia*, C-185/10, EU:C:2012:181.

[331] https://www.reuters.com/article/france-roche/french-lawmakers-back-roche-cancer-drug-as-cheap-eye-treatment-idUSL6N0PJ1XA20140708

[332] http://www.slate.fr/story/106493/affaire-avastin-guerre-ouverte-big-pharma-etat-francais

No Reino Unido, a prescrição off-label é permitida pelo Medicines Act[333], de 1968[334], ainda que com alguns requisitos e sob o controlo do respectivo serviço nacional de saúde (National Health Service). Paralelamente, também o General Medical Council e o National Institute for Health and Care Excellence (NICE) emitiram uma série de recomendações a esse respeito, tendencialmente seguidas pelos profissionais de saúde, em particular enfatizando a necessidade de o médico concluir que o uso off-label serve mais adequadamente as necessidades do paciente concreto do que o uso de um produto devidamente autorizado[335]. Entre as medidas tomadas para regular e controlar a prescrição off-label contam-se igualmente a implementação de um formulário de solicitação de medicamentos não licenciados (Unlicensed Medicines Request Form), mediante o qual o médico pode solicitar usos off-label[336]; e a criação do bases de dados de medicamentos não licenciados, que lista os usos off-label já aprovados e os riscos detectados com esses usos[337].

As mais recentes alterações no Reino Unido neste domínio dão conta de que o serviço nacional de saúde está actualmente a permitir reembolsos de medicamentos usados off-label com base em considerações financeiras[338]. A isto acresce que o NICE está a levar em consideração medicamentos não aprovados – ou seja, não aprovados para o uso específico em vista – no âmbito das avaliações custo-benefício que leva a cabo para efeito das suas recomendações ao serviço nacional de saúde britânico[339]. Em particular, o NICE incluiu o Avastin – isto é, seu uso off-label – na avaliação de custo-efectividade para o tratamento do DMI[340].

Na Alemanha, os tribunais não só permitem certas prescrições off-label, como algumas decisões judiciais já impuseram esta opção tera-

[333] Medicines Act 1968, 1968 Chapter 67, An Act to make new provision with respect to medicinal products and related matters, and for purposes connected therewith, [25th October 1968], at https://www.legislation.gov.uk/ukpga/1968/67?view=plain

[334] https://www.legislation.gov.uk/ukpga/1968/67

[335] General Medical Council, 2013 e National Institute for Health and Care Excellence – NICE, 2017.

[336] Veja-se, por exemplo, http://www.ggcprescribing.org.uk/media/uploads/policies/section_9/9.1_ulm_policy_-_1206.pdf

[337] Townsend, 2006.

[338] Chisholm, 2013: 28.

[339] NICE, 2017.

[340] NICE, 2013.

pêutica em casos que envolvem o bem-estar do paciente. Quanto ao reembolso[341], a regra de base é que o reembolso para utilizações off-label não é permitido ao abrigo do SGB V (*Sozialgesetzbuch*). No entanto, em 2002, o Tribunal Social Federal (*Bundessozialgericht*, BSG) aprovou o reembolso de usos off-label pelo serviço nacional de saúde alemão, desde que nenhuma outra alternativa terapêutica estivesse disponível para a condição médica em causa e que dados científicos confiáveis sobre o sucesso desse tratamento estivessem disponíveis[342]. Após essa decisão, foram estabelecidos painéis de especialistas com o objectivo de definir que usos off-label poderiam ser reembolsados. Alguns anos depois, em 2005, o Tribunal Constitucional Alemão (*Bundesverfassungsgericht*, BVerfG) tornou mais flexíveis os requisitos originariamente estabelecidos pelo BSG para a prescrição off-label, considerados dificilmente alcançáveis na prática. Com efeito, a imposição da existência de dados científicos para justificar prescrições off-label foi entendida pelo BSG como exigindo que o requerimento de AIM tivesse sido previamente submetido pelo fabricante e, além disso, que os resultados dos respectivos ensaios clínicos de fase III tivessem igualmente sido apresentados. Em contrapartida, o BVerfG defendeu que este exigente entendimento violava a Constituição alemã, a saber, o princípio do *Welfare State* e o dever que recai sobre o Estado de proteger a vida e a saúde dos seus cidadãos. Consequentemente, o BVerfG determinou que em caso de doença grave e potencialmente fatal o Estado deve cobrir os custos do tratamento off-label, desde que o médico responsável conclua que a prescrição off-label em causa poderá produzir bons resultados naquele paciente, mesmo quando os efeitos benéficos não venham ainda descritos em estudos científicos[343].

Na Holanda a prescrição off-label não é proibida desde que respeite os protocolos aplicáveis e as directrizes emitidas pelas entidades profissionais competentes. Estas directrizes distinguem entre "uso off-label correcto " e "uso off-label incorrecto", sendo que o critério de diferenciação entre ambos depende da existência (ou não) de bases científicas

[341] Bundesärztekammer 2009; Lenk e Duttge, 2014.

[342] B 1 KR 37/00 R, 19.03.2002.

[343] BVerfG 1 BvR 347/98, 06.12.2005 (a chamada decisão Nicholas).
Um ano mais tarde esta nova abordagem foi confirmada pela BVG (BSG B 1 KR 7/05 R, 04.04.2006).

sólidas. Se o uso off-label contar com justificação científica bastante e nenhuma outra alternativa terapêutica estiver disponível para esse paciente, ou quando exista alternativa terapêutica mas esta seja substancialmente mais cara, trata-se de um uso off-label correcto (por exemplo, no que diz respeito aos tratamentos para a DMI, o Avastin é actualmente o medicamento mais usado, sendo o seu custo reembolsado, deixando para trás o Lucentis, classificado como um "medicamento caro"). Quando estes requisitos se verifiquem é esperado que o médico prescreva off-label, sendo os respectivos custos suportados pelo serviço nacional de saúde.

Essas novas tendências em termos de política da saúde adoptadas por vários Estados-membros têm deteriorado as relações entre alguns governos e a indústria farmacêutica. Por exemplo, uma queixa formal contra a França foi apresentada na Comissão Europeia pela Federação Europeia de Indústrias e Associações Farmacêuticas, a Confederação Europeia de Empreendedores Farmacêuticos e a Associação Europeia de Bioindústrias[344]. Além disso, estas novas políticas podem também perturbar as relações entre a UE, como instituição, e os respectivos Estados-membros. Na verdade, medidas nacionais desta natureza arriscam-se a violar normas europeias, não apenas porque prejudicam o mecanismo instituído de aprovação de medicamentos, mas também porque há o risco de conferir aos vários cidadãos europeus tratamentos distintos, e mesmo discriminatórios, ao providenciar-lhes diferentes níveis de cuidados de saúde, nem sempre satisfatórios.

23.3. A prescrição off-label economicamente fundada à luz do direito europeu

Embora a UE não tenha sido criada para lidar com questões de saúde, estas encontram-se actualmente entre as suas principais preocupações, como resulta do artigo 168/1 do TFUE, que estabelece que "[n]a definição e execução de todas as políticas e ações da União será assegurado um elevado nível de proteção da saúde". Em suma, a promoção da saúde é um dos critérios orientadores da UE. No quadro deste objectivo básico,

[344] http://www.efpia.eu/mediaroom/295/43/Biopharmaceutical-industry-files-complaint--against-French-law-promoting-government-initiated-off-label-use-without-the-involvement-or-consent-of-patients-and-their-physicians

várias políticas europeias estão relacionadas com a saúde e, mais especificamente, com os medicamentos disponibilizados no mercado europeu[345].

Como já referido, a prescrição off-label não é banida pelo direito europeu e, pelo contrário, várias disposições nos revelam que o legislador europeu aceita abdicar da existência de uma AIM em certas situações.

Contudo, o tipo de prescrição off-label admitida pela legislação europeia há-de sempre fundar-se em motivações terapêuticas, não em razões económicas, porque a prevalência da saúde sobre considerações financeiras é um princípio básico do ordenamento europeu. Por conseguinte, nenhuma das normas que permite excepcionalmente o uso de um medicamento sem a AIM ou fora do âmbito da respectiva AIM deve ser entendida como autorizando soluções especiais com base em objectivos de estabilidade financeira[346].

Isso não quer dizer que a UE seja imune a preocupações com a poupança na área da saúde. Por exemplo, no processo *ABPI*[347] o TJCE autorizou as autoridades públicas nacionais a conceder incentivos aos médicos para prescrever medicamentos mais baratos. No entanto, note-se que esta decisão se refere apenas a medicamentos autorizados. Logo, não pode fundamentar a conclusão de que os Estados-Membros possam influenciar as escolhas terapêuticas de forma a optar por medicamentos que não tenham um AIM para aquele uso específico.

Ou seja, as considerações economicistas vão apenas tão longe quanto a protecção da saúde o permita. A jurisprudência europeia pronunciou-se repetidamente contra a invocação de razões orçamentais pelos Estados-Membros para fugir às suas obrigações decorrentes do direito europeu. Em 1996, no famoso acórdão sobre a doença das vacas loucas (BSE)[348], o TJUE reconheceu o predomínio da saúde pública. Posteriormente, em *Artegodan GmbH e outros*[349], o Tribunal de Primeira Instância invo-

[345] Por exemplo, a promoção da saúde preside a todas as normas europeias no campo farmacêutico, como indicado no ponto 2 da Directiva 2001/83.

[346] Killick e Kritikos, 2012.

[347] Acórdão de 22 de Abril de 2010, *Association of the British Pharmaceutical Industry*, C-62/09, EU:C:2010:219.

[348] Acórdão 19 de Julho de 1996, *Reino Unido contra Comissão*, C-180/96, EU:C:1998:192.

[349] Acórdão de 26 de Novembro de 2002, *Artegodan e outros contra Comissão*, T-74/00, T-76/00, T-83/00, T-84/00, T-85/00, T-132/00, T-137/00 e T-141/00, EU:T:2002:283.

cou expressamente um "princípio geral da prevalência da protecção da saúde pública". Pouco depois, em *Solvay Pharmaceuticals BV contra o Conselho*, o Tribunal de Primeira Instância reiterou o "princípio da prevalência da protecção da saúde pública, da segurança e do ambiente sobre os interesses económicos"[350].

A declaração mais inequívoca deste princípio data de 2012, aquando do acórdão *Comissão contra Polónia*[351], na qual o TJUE reforçou a condenação de prescrições medicamentosas baseadas em motivações económicas. O Tribunal concluiu que o governo polaco não cumpriu as obrigações que lhe incumbem por força do artigo 6 da Directiva 2001/83. A condenação fundou-se no facto de a Polónia admitir o uso de medicamentos com as mesmas substâncias activas, posologia e forma que os medicamentos autorizados para comercialização no mercado polaco, sempre que aqueles outros produtos tivessem um preço inferior ao dos medicamentos autorizados[352]. O TJUE condenou esta prática, mas a decisão deixou a porta aberta para uma possibilidade específica: o uso não autorizado de medicamentos que não compartilham as mesmas substâncias activas, dosagem e forma dos medicamentos autorizados. Esta decisão permite sustentar que a prescrição off-label não é contra o direito europeu, nem mesmo quando exista uma alternativa terapêutica autorizada, desde que o medicamento alternativo não tenha o mesmo princípio activo, dosagem e forma farmacêutica que aquele outro utilizado off-label[353].

No entanto, mesmo se concluirmos que a prescrição off-label é permitida naquele cenário, existe ainda uma outra dificuldade relacionada com a pessoa ou entidade com legitimidade para decidir sobre o uso

[350] Acórdão de 21 de Outubro de 2003, *Solvay Pharmaceuticals contra Conselho*, T-392/02, EU:T:2003:277.

[351] Acórdão de 29 de Março de 2012, *Comissão contra Polónia*, C-185/10, EU:C:2012:181.

[352] Este não foi o primeiro caso deste tipo contra a Polónia. Já em 2010 o TJUE proferira uma decisão relativa à autorização de entrada no mercado polaco de vários medicamentos genéricos, em violação do disposto no artigo 6/1 da Directiva 2001/83, no artigo 13/4 do Regulamento (CEE) nº 2309/93 do Conselho, de 22 de Julho de 1993, que estabelece procedimentos comunitários de autorização e fiscalização de medicamentos de uso humano e veterinário e institui uma Agência Europeia de Avaliação dos Medicamentos, e nos artigos 89 e 90 do Regulamento (CE) nº 726/2004 (Acórdão de 22 de Dezembro de 2010, *Comissão contra Polónia*, C-385/08, ECLI:EU:C:2010:801).

[353] Também neste sentido, Degrassat-Théas, Bocquet, Sinègre et al., 2015.

off-label. Com efeito, de acordo com o artigo 5/1 da Directiva 2001/83, as excepções à imposição geral de uma AIM obrigatória só podem ser autorizadas se o médico prescritor assim o determinar e sob a sua responsabilidade. Claramente, não será este o caso sempre que os usos off-label sejam impostos por medidas administrativas ou por normas legais e, por conseguinte, decididos por pessoas que nunca acompanharam o paciente. Ora, este é o cenário existente em muitos países europeus que optaram por imposições legais de usos off-label, em regra fundadas em motivações económicas.

Porém, a análise deste assunto não fica encerrada sem ter em consideração a situação dos pacientes que estão a morrer ou a sofrer danos graves na sua saúde porque são privados dos medicamentos de que necessitam. Quando o medicamento autorizado seja proibitivamente caro, e nem o sistema de saúde nem o paciente o possam pagar, banir a prescrição off-label do medicamento mais barato pode privar o paciente de qualquer tratamento, o que obviamente viola o princípio básico de protecção da saúde pública, tal como de seguida demonstraremos.

Capítulo 24
Avaliação crítica da prescrição off-label

24.1. A regra: Aprovação da prescrição off-label e desaprovação de motivações económicas

Os usos off-label podem revelar-se tratamentos inovadores que satisfazem o mais alto padrão de cuidados médicos. Além disso, os desenvolvimentos que a prescrição off-label pode trazer para a prática médica e para o conhecimento farmacêutico tão-pouco devem ser subestimados[354].

Mas a par destas vantagens surgem igualmente vários problemas. Desde logo, as questões já longamente discutidas de segurança do paciente e protecção da saúde pública, derivadas do facto de se usar um medicamento que não foi especificamente testado para aquele fim. Também poderá estar em causa a preservação do modelo de concorrência no mercado, aliado à preservação do sistema institucionalizado de autorização de medicamentos. A vulgarização da prescrição off-label pode levar as empresas farmacêuticas a abandonar o modelo institucionalizado de AIM, o que obviamente permitirá a entrada no mercado de medicamentos desprovidos de uma base científica adequada. A isto acresce que o incentivo para investir em pesquisa e desenvolvimento pode desaparecer, dado que as empresas perceberão que os seus medicamentos irão competir com produtos que escaparam à exigência de AIM, e o resultado final poderá redundar numa diminuição drástica do número de medicamentos inovadores[355]. De facto, o procedimento de

[354] De Nayer, Masson, Domken, et al., 2013.
[355] Chrisholm, 2013; 27-32.

aprovação de medicamentos é demorado e dispendioso[356] e a empresa farmacêutica não estará disposta a fazer um investimento tão grande sem a expectativa de lucro. Se a empresa farmacêutica concluir que os seus concorrentes conseguem colocar os seus produtos no mercado sem passar por este exigente procedimento serão tentadas a fazer o mesmo.

Apesar destas considerações, temos defendido que a prescrição off-label deve ser admitida dentro de certos pressupostos, e mesmo ser considerada o *standard of care* em determinado cenários[357].

Mais problemática se revela a prescrição off-label fundada em motivações económicas, especialmente quando exista um medicamento devidamente autorizado. A este respeito temos defendido que a prescrição off-label somente deve ser permitida na ausência de um medicamento devidamente aprovado[358]. Porém, parece-nos que este raciocínio deve abarcar algumas excepções.

24.2. A excepção: Admissibilidade em casos excepcionais de prescrição off-label economicamente fundada

A regra básica de que a prescrição off-label só pode ter lugar na ausência de um medicamento especificamente aprovado – que supomos ser também aquela que rege a prescrição off-label no direito europeu – foi formulada para um cenário financeiro o preço do medicamento aprovado pode ser pago. Se essa premissa falhar – isto é, se o medicamento não puder de todo ser pago, pelo menos não para todos os pacientes – esta linha de raciocínio desfaz-se. Como resultado, e sem negar a prevalência da "saúde pública", esse valor básico deve receber um entendimento diferente que se ajuste às restrições orçamentárias que possam existir em alguns países. Deverá entender-se que se for impossível ao serviço nacional de saúde ou ao paciente (ou ao seu seguro de saúde) pagar o preço do medicamento devidamente autorizado para aquele efeito, a melhor forma de salvaguardar a saúde pública consiste em recorrer a usos off-label de medicamentos cujo preço é substancialmente menor do que o medicamento devidamente autorizado para o efeito.

[356] DiMasi, Grabowski e Hansen, 2016.

[357] *Vide* Raposo, 2013b: 280 ss.; Raposo, 2014b; Raposo, 2016; Raposo, 2017.

[358] Opinião que expressámos em Raposo, 2013b: 280; Raposo, 2014b; Raposo, 2016; Raposo, 2017.

Esta possibilidade só deve ser admitida em termos muito excepcionais e desde que: i) o preço do medicamento autorizado seja consideravelmente superior ao do medicamento não autorizado; ii) ambos apresentem sensivelmente as mesmas garantias de segurança e eficácia[359].

No que respeita ao primeiro requisito, reconhece-se que a expressão "consideravelmente" é vaga. Porém, é propositadamente vaga para permitir uma concretização que tenha em consideração as particularidades do caso concreto. Por exemplo, suponha-se que uma embalagem do medicamento autorizado custa 50 euros e a do não autorizado custa 5 euros, ou seja, aquele primeiro é 10 vez mais caro do que este último. Mas se cada embalagem permitir satisfazer as necessidades do consumidor-paciente durante um mês, o factor temporal atenua a diferença de preço. Suponha-se agora um medicamento autorizado cuja embalagem custa 500 euros, ao passo que a embalagem do medicamento não autorizado custa 50 euros, sendo que cada embalagem apenas dura para uma semana. Nesta segunda hipótese não só o medicamento autorizado é substancialmente mais caro (apesar de continuar a ser "apenas" 10 vezes mais caro), como a despesa se repete mais frequentemente. Segundo me parece, apenas nesta segunda hipótese se poderá dizer que o medicamento autorizado é consideravelmente superior.

Quanto às garantias de segurança e eficácia, estas não podem ser avaliadas por cada médico em concreto, nem pelo empresa farmacêutica, nem tão-pouco por decisores políticos ou económicos. Terão que ser entidades independentes e com reconhecido mérito na matéria a fazer tal avaliação, preferencialmente com base em ensaios clínicos feitos ao medicamento não-autorizado. No entanto, nem a EMA nem as agências nacionais do medicamento dos Estados-membros da UE têm capacidade para o fazer. Outra opção seria atribuir esta tarefa a entidades avaliadoras de tecnologias da saúde, como o NICE no Reino Unido e a Haute Autorité de Santé (HAS) em França. Esta poderia ser uma opção interessante, na medida em que as referidas autoridades não se preocupam apenas com a eficácia e segurança dos produtos (aos invés do que sucede com a EMA e com as agências nacionais do medicamento), mas também com considerações financeiras, as quais têm vindo a condicionar a opção pela prescrição off-label.

[359] Já neste sentido, Raposo, 2017: 55-56.

Capítulo 25
Responsabilidade médica na prescrição off-label

25.1. Riscos incorridos pelo médico ao prescrever off-label

A prescrição off-label não representa necessariamente má prática médica, pelo contrário, pode até ser imposta pelas *leges artis* médicas em certos casos. Ainda assim, tendencialmente considera-se que ao prescrever off-label o médico torna-se um potencial alvo de processos judiciais[360].

Desde logo porque em regra aumentam os riscos para o paciente. Por exemplo, alguns estudos concluem que os usos off-label aumentam o risco de efeitos adversos: "A total of 3484 ADEs were found in the 46 021 study patients, with an incidence rate of 13.2 per 10 000 person-months. The rate of ADEs for off-label use (19.7 per 10 000 person-months) was higher than that for on-label use (12.5 per 10 000 person-months) (adjusted hazard ratio [AHR], 1.44; 95% CI, 1.30-1.60). Off-label use lacking strong scientific evidence had a higher ADE rate (21.7 per 10 000 person-months) compared with on-label use (AHR, 1.54; 95% CI, 1.37-1.72). However, off-label use with strong scientific evidence had the same risk for ADEs as on-label use (AHR, 1.10; 95% CI, 0.88-1.38)"[361]. Daqui deriva igualmente um acrescido risco de litigância para o médico, que verá a sua posição onerada com exigências de

[360] Raposo, 2016.

[361] Eguale, Buckeridge, Winslade et al., 2012.

justificação acrescidas quanto à razão pela qual optou pelo uso off-label do medicamento.

Outro inconveniente que o médico deve considerar é que em caso de condenação em processo cível bem pode suceder que a indemnização a pagar fique a seu exclusivo cargo e não da empresa seguradora. De facto, é frequente que as apólices de seguro para responsabilidade profissional médica excluam indemnizações por danos derivados de prescrições off-label[362].

Dito isto não podemos esquecer que muitas vezes é o *best standard of care* a impor o uso off-label de determinado medicamento[363]. Tal pode suceder quando se trate da única opção terapêutica disponível, seja para pacientes para os quais não existe medicamento devidamente autorizado (pacientes portadores de doenças órfãs, por exemplo), seja para paciente que não reagem positivamente ao medicamento autorizado. Nestes cenários o médico enfrenta um dilema complicado. Por um lado, não pode deixar o paciente sem tratamento, não só por causa do juramento hipocrático (*primum non nocere*), mas também porque a obrigação médica é providenciar tratamentos médicos e caso assim não suceda pode o médico ser responsabilizado pelos danos derivados da sua omissão, inclusivamente em termos criminais (crimes de recusa de auxilio, de recusa de médico, de ofensas corporais por omissão ou de homicídio por omissão). Por outro lado, teme recorrer à prescrição off-label, sobretudo quando o seu enquadramento legal no respectivo ordenamento jurídico não seja claro.

Daí que seja crucial esclarecer em que termos e dentro de que requisitos o médico pode (ou mesmo deve) prescrever off-label sem enfrentar consequências jurídicas.

362 Mesmo que as apólices de seguro não excluam expressamente a prescrição off-label, tal solução poderá derivar da exclusão expressa de responsabilidade da seguradora em caso de tratamentos experimentais ou não medicamente necessários (Rodwin, 2013: 656).

363 Dresser e Frader, 2009: 376-396: Lomas Hernández, 2016: 75 ss.

A tese de que prescrição off-label não é necessariamente ilícta e de que tudo depende da avaliação ditada pela *lex artis ad hoc* (do caso concreto) pode encontrar-se igualmente na jurisprudência. Veja-se, por exemplo, a decisão do Tribunal Superior de Justiça de Valência, na sua decisão de 10 de Maio de 2010, referida por Lomas Hernández, 2016: 75.

25.2. A decisão de prescrever off-label como um acto médico

A escolha do medicamento mais adequado para cada paciente e para cada situação clínica cabe ao médico, com base na inegável liberdade de prescrição terapêutica que lhe é reconhecida. Tal prerrogativa deve ser usada com o propósito último de fazer o melhor para o paciente, o que implica uma valoração dos riscos e benefícios desta prática[364].

Contudo, por se tratar de uma prática especialmente arriscada a lei deveria impor um regime mais exigente neste caso, impondo ao médico um dever acrescido de justificação da sua escolha terapêutica.

25.2.1. *Avaliação médica do caso concreto*

Um dos requisitos da prescrição off-label é que esta se fundamente na avaliação da situação do concreto paciente, levada a cabo pelo médico e sustentada na liberdade de prescrição médica.

Contudo, esta liberdade de avaliação e prescrição tem vido a ser cerceada por várias condicionantes. Por um lado, pressões das empresas farmacêuticas, as quais, embora impedidas de promover os seus produtos off-label, não se coíbem de oferecer aos médicos vários incentivos para esta prática, tida como uma forma fácil de aumentar os lucros sem grande investimento. Por outro lado, limitações derivadas dos medicamentos disponíveis para uso em meio hospitalar. Por outro lado ainda, e em ligação com o ponto anterior, incentivos governamentais à prescrição de medicamentos mais baratos.

25.2.2. *Obtenção do consentimento informado do paciente*

A ausência de consentimento informado do paciente representa uma violação autónoma das *leges artis*, que pode fundar um processo cível e/ou criminal contra o médico.

Em termos cíveis o médico poderá ser responsabilizado pelos danos derivados para o paciente pelo uso off-label do medicamento sem o devido consentimento informado. Tal sucederá quer quando o médico de todo não informou o paciente que se tratava de um uso off-label, quer quando lhe comunicou esse facto mas não lhe explicou em que con-

[364] *Bundesgerichtshof*, decisão de 22 de Maio de 2007 – VI ZR 35/06 – BGHZ 172, 254. *Vide* ainda Maglio, 2013: 14.

siste esta prática (tendo em conta que muitos pacientes são leigos na matéria), quer ainda quando não explicou ao paciente os possíveis riscos envolvidos na prescrição off-label daquele medicamento. Em escritos passados defendi que qualquer uso off-label não devidamente autorizado pelo paciente poderia dar a indemnização, mesmo na ausência de danos físicos, dado que sempre existiria um dano (não patrimonial) resultante da violação da autodeterminação pessoal[365]. Um estudo mais aprofundado da matéria levou-me a outra conclusão: a indemnização somente será devida se o paciente sofreu efectivos danos no seu corpo ou saúde, ou veio a falecer; mas já não quando a prescrição off-label não lhe causou qualquer dano. Ou seja, o uso de um medicamento fora da AIM não configura um daqueles actos médicos que quando não autorizado justifique uma indemnização mesmo que o paciente não sofra qualquer dano, como sucede por exemplo com transfusões de sangue em pacientes testemunhas de Jeová. É que neste último cenário existirá sempre um dano para convicções pessoais e religiosas do paciente, ainda que o resultado final lhe seja benévolo. Já no caso da prescrição off-label não se vê em que medida esta prática atente contra convicções íntimas do paciente que justifiquem uma compensação por danos morais. Tendo pois em consideração o artigo 496/1 do CC – segundo o qual apenas serão indemnizáveis os danos não patrimoniais que "pela sua gravidade, mereçam a tutela do direito" – defendo que a prescrição off-label sem o consentimento informado do paciente só é passível de indemnização quando este sofra efectivos danos na sua vida, corpo ou saúde.

O que se pode questionar é se deve igualmente existir indemnização naqueles casos em que o médico usou off-label o medicamento, sem o devido consentimento informado do paciente, não tendo aquele sofrido qualquer dano, mas tão-pouco auferido qualquer benefício, isto é, a prescrição off-label revelou-se ineficaz para o fim a que se destinava. Nestes casos haveria que analisar se, havendo um medicamento especificamente autorizado, aquele outro teria sido eficaz. Se assim se concluir deve o médico ser condenado a indemnizar o paciente pelos danos derivados da manutenção/progressão da doença, na medida em que tal resultado pudesse ter sido evitado com o uso do medicamento devidamente autorizado para aquela situação clínica. Trata-se, no fundo, de

365 Defendemos esta ideia em Raposo, 2014: 63-64.

um cenário de perda de chance: não é possível concluir com segurança que o medicamento autorizado teria permitido curar/aliviar o paciente, mas ao prescrever o medicamento não autorizado (à revelia do paciente, note-se) o médico limitou, ou mesmo anulou, a sua chance de recuperação[366].

Mesmo quanto aos danos sofridos na vida, corpo ou saúde do paciente durante uma prescrição off-label sem o consentimento informado daquele, há que averiguar se o dano se deveu à concretização de um daqueles riscos que o médico estava obrigado a comunicar ao paciente, pois que só em tal caso será a indemnização devida. Assim nos afastamos das posições que advogam que durante uma intervenção não consentida todo e qualquer dano ocorrido corre por conta do médico[367]. Porém, na maior parte dos casos que têm surgido em tribunal envolvendo prescrições off-label sem o devido consentimento informado não se tem feito esta diferenciação e o médico tem sido responsabilizado por todos os danos ocorridos.

A comunicação dos riscos envolvidos na prescrição off-label pressupõe, obviamente, que o médico tenha conhecimento desses riscos. Isto sem prejuízo de o desconhecimento dos mesmos traduzir frequentemente uma forma de negligência, dado que é exigível ao médico que opta por prescrever um medicamento sem a devida AIM que se tenha ao menos informados dos riscos potencialmente envolvidos.

[366] Sobre a perda de chance na actividade médica veja-se Pedro, 2008 e Raposo, 2014a.

[367] Também neste sentido veja-se Raposo, 2013b: 219 e Raposo, 2014b: 64.

Capítulo 26
Responsabilidade da empresa farmacêutica pelos danos ocorridos na prescrição off-label

A empresa farmacêutica comete um acto ilícito quando recorra à promoção off-label, independentemente de qualquer dano que venha a resultar do uso off-label dos seus medicamentos, dado que se trata de uma prática proibida em si mesma.

Quando assim seja, e para além das sanções administrativas aplicáveis, pode ainda pensar-se em responsabilizar a empresa pelos danos sofridos por consumidores-pacientes na sequência de um uso off-label por ela promovido.

Porém, pode suceder que mesmo sem qualquer actividade promocional a empresa venha ainda assim a ser responsabilizada por danos causados durante o uso off-label dos seus medicamentos. Assim sucederá quando a empresa sabia – ou deveria razoavelmente saber, porque era do conhecimento geral, porque tinha lugar em larga escala ou porque tal uso off-label constava de protolocos médicos[368] – que o produto estava a ser usado off-label, que tal uso envolvia riscos e, no entanto, nada fez para obviar a essa situação.

A responsabilização da empresa farmacêutica pelos danos resultantes do uso off-label dos seus produtos é uma solução fomentada pela expansão dos usos off-label e seu crescente reconhecimento por parte da legislação europeia. Logo, deve considerar-se que os usos off-label

[368] L'Ecluse, Longeval e T'Syen, 2013.

– *rectius*, aqueles já consolidados na prática médica – preenchem a expressão "utilização do produto que se pode razoavelmente esperar", constante do artigo 6/1/b da Directiva 85/374. Por conseguinte, o produto será considerado defeituoso se o dano ocorre durante um desses usos off-label[369], dado que não se trata de um uso que excede o propósito para o qual o produto foi criado.

Em suma, para além de penalizar a promoção activa, tem-se também sugerido a penalização da promoção passiva, isto é, dos casos em que a empresa farmacêutica está ciente de que o seu produto é usado off-label e nada faz para o evitar. Daí que nos últimos tempos algumas empresas tenham adoptado condutas mais proactivas neste sentido. Por exemplo, recentemente a farmacêutica Roche emitiu um comunicado alertando os médicos para os riscos envolvidos no uso oftalmológico do medicamento Avastin[370].

Assim, com vista a evitar eventuais sanções administrativas e condenações em processos cíveis, ou até eventualmente sanções criminais, recomenda-se às empresas farmacêuticas uma actuação pró-activa e preventiva, nomeadamente incluindo no RCM e no folheto que acompanha o produto os riscos ligados a eventuais usos off-label do medicamento[371] (na medida em que tais riscos sejam conhecidos ou o devessem ser)[372]. Em Janeiro de 2013 a EMA divulgou uma lista de orientações para as empresas farmacêuticas prepararem e reverem os seus RCM's[373]. Nesse documento se diz que o RCM é o guia para os profissionais de saúde usarem o medicamento de forma segura e eficaz, pelo que em princípio apenas deve alertar para riscos relativos a usos aprovados do medicamento. Porém, caso se identifique um risco específico relativo a uma reacção adversa grave de um determinado uso off-label, deve o mesmo ser incluído no RCM.

369 Também assim L'Ecluse, Longeval e T'Syen, 2013.

370 E-mail statement from Roche to Bloomberg, *Italy to Fund Unapproved Use of Roche Drug to Cut Costs*, from 11 June 2014. Disponível em http://www.bloomberg.com/news/articles/2014-06-10/italy-to-fund-unapproved-use-of-roche-drug-to-cut-costs

371 Neste sentido, L'Ecluse, Longeval e T'Syen, 2013.

372 Veja-se também a consideração 40 da Directiva 2001/83.

373 EMA, How to prepare and review a summary of product characteristics, at http://www.ema.europa.eu/ema/index.jsp?curl=pages/regulation/document_listing/document_listing_000357.jsp&mid=WC0b01ac0580636le1

Capítulo 27

Medidas para regular e controlar a prescrição off-label

Vários países europeus criaram leis para regular e prescrição off-label, nomeadamente impondo requisitos e limitações a esta prática. É o caso da França[374], Itália[375], Espanha[376] e Áustria[377]. Portugal ainda não dispõe de qualquer regulamentação específica na matéria, sendo que o único requisito imposto é a exigência de consentimento informado do paciente, tal como resulta em geral do artigo 156 do Código Penal (crime de intervenções médico-cirúrgicas arbitrárias) e vem expressamente estipulado para a prescrição off-label numa norma da Direcção Geral da Saúde[378]. Também o direito europeu é omissivo a este respeito.

[374] Loi n. 2011-2012, du 29 décembre 2011 relative au renforcement de la sécurité sanitaire du médicament et des produits de santé.

[375] Legge 94/98, Conversione in legge, con modificazioni, del decreto-legge 17 febbraio 1998, n. 23, recante disposizioni urgenti in materia di sperimentazioni cliniche in campo oncologico e altre misure in materia sanitaria, conhecida como Legge di Bella.

[376] Ley 41/2002, de 14 de noviembre, ley básica reguladora de la autonomía del paciente y de derechos y obligaciones en materia de información y documentación clínica e Real Decreto 1015/2009, de 19 de junio, por el que se regula la disponibilidad de medicamentos en situaciones especiales.

[377] Gesetz über den Verkehr mit Arzneimitteln (Arzneimittelgesetz, AMG).

[378] DGS 2013. Consentimento informado, esclarecido e livre para atos terapêuticos ou diagnósticos e para a participação em estudos de investigação. Norma da Direção Geral de Saúde nº 015/2013.

Passando os olhos pelas normas existentes no direito comparado para regular esta prática, bem como pelas sugestões que têm sido propostas pela doutrina especializada, atrevemo-nos a sugerir os seguintes requisitos delimitadores da prática lícita do uso off-label de medicamentos[379], sendo que muitos destes requisitos já haviam sido elencados num estudo que publicámos em 2014[380].

Um dos requisitos que nesse estudo de 2014 assumia preponderância é a ausência de medicamento especificamente autorizado para aquela situação concreta. Caso exista no mercado um medicamento autorizado para aquele uso não deve a AIM ser admitida. A razão de ser destes requisitos prende-se com a garantia acrescida oferecida pela AIM e pelos ensaios clínicos que lhe estão na base. Contudo, e como referido supra, há excepções a esta regra: i) nos casos excepcionais em que o medicamento autorizado não seja eficaz naquele paciente; ii) nos casos, também excepcionais, em que recusar a prescrição off-label implica deixar o paciente sem qualquer tratamento porque não é possível pagar o custo do medicamento devidamente autorizado.

Além do mais, o uso off-label deve representar uma prática já estabelecida entre os profissionais de saúde, de tal forma que se possa afirmar como sendo parte do *medical standard of care*. Para que assim suceda é necessário que o uso off-label disponha de base científica suficiente.

A isto acresce que o uso off-label se deve fundar numa avaliação livre e autónoma feita pelo médico que segue o paciente, mediante uma análise da situação concreta do paciente. A decisão deve visar o melhor interesse do paciente e não quaisquer outras considerações, nomeadamente, não se deve orientar pela preocupação de contenção de custos na área da saúde, por razões comerciais ou de investigação científica.

Em qualquer caso o prévio consentimento do paciente revela-se imprescindível, sendo que o paciente apenas pode consentir quando devidamente informado do que é a prescrição off-label, dos seus riscos e das possíveis alternativas.

Uma vez que a prescrição off-label apresenta riscos acrescidos, o acompanhamento médico após a toma do medicamento é crucial, não

[379] Cfr. Barrios Flores, 2014; Dresser e Frader, 2009; European Commission, 2013; L'Ecluse, Longeval e T'Syen, 2013; Obermann, 2013; Raposo, 2014b; Riley e Basilius, 2007.

[380] Raposo, 2014b.

apenas para dar ao paciente o adequado *follow up,* mas também para registar e notificar eventuais reacções adversas que ocorram.

A prescrição off-label implica para o médico um dever acrescido de justificar a sua opção terapêutica e de demonstrar que no caso concreto todos os requisitos foram satisfeitos. Quando este requisito não seja cumprido o médico torna-se um possível alvo de litigância ou de sanção disciplinar. Contudo, nem todos os requisitos têm o mesmo valor, pelo que nem todas as violações assumem o mesmo grau de relevância. Por exemplo, a falha na manutenção de registos actualizados das prescrições off-label não traduz uma violação tão premente do dever de cuidado associado à prática médica quanto um uso off-label desprovido de base científica bastante.

27.1. Base científica suficiente

Todo e qualquer uso off-label deve fundar-se em dados científicos[381], por exemplo, porque vem recomendado em artigos científicos publicados em revistas de referência ou em directrizes científicas emitidas por entidades devidamente acreditadas, ou porque o uso off-label em causa já conta com aprovação noutras jurisdições. Em contrapartida, o *feeling* do médico ou uma opinião marginal na comunidade científica não serão suficientes para esse efeito[382].

A ausência de qualquer prova científica (e, por maioria de razão, a existência de indícios de que se trata de uma prática insegura), são elementos susceptíveis de demonstrar a inadequação daquele uso off-label e em tribunal podem revelar-se cruciais para aferir a responsabilidade do médico.

A violação deste requisito é particularmente grave. Logo, se o paciente sofrer um dano por via de um uso off-label não cientificamente comprovado tudo aponta para a responsabilização do médico. Atendendo às pesadas consequências que daqui podem resultar, mal se compreende que ainda hoje os médicos desconsiderem este requisito. Alguns estudos demonstram que apenas cerca de 30% das prescrições off-label se fundam em bases científicas adequadas, o que significa que nos res-

381 Sobre os vários tipos de provas científicas admissíveis para este efeito, Dresser e Frader, 2009.

382 Tiwary, 2003.

tantes 70% dos casos o medicamento é prescrito sem qualquer confirmação científica que sustente a prescrição off-label[383].

Este requisito pode ser flexibilizado sempre que não existam alternativas terapêuticas disponíveis no mercado devidamente autorizadas. Porém, nem mesmo neste cenário se pode recorrer a um uso off-label completamente desprovido de provas científicas, dado que mais vale não receber qualquer tratamento do que receber um tratamento comprovadamente nocivo.

Nem sempre se revela tarefa fácil ter acesso a informações científicas confiáveis sobre determinado uso off-label. O acesso a esta informação seria facilitado se as empresas farmacêuticas pudessem divulgar entre a comunidade médica dados referentes aos usos off-label dos seus produtos. No entanto, as empresas estão proibidas de promover os seus produtos off-label[384] e mesmo a mera divulgação objectiva de informação se releva arriscada, dado que não é fácil distinguir esta prática da efectiva promoção.

Por outro lado, ainda que as empresas farmacêuticas fossem autorizadas a disseminar livremente informações, sempre se manteria a suspeição quanto à credibilidade de tal informação, dado que as empresas mantêm um óbvio interesse económico em divulgar informação favorável aos seus produtos, o que pode levar à sua eventual deturpação. Há relatos de casos em que as informações supostamente confiáveis divulgadas pela empresa farmacêutica foram "modificadas" para aumentar usos off-label do produto, contando muitas vezes com a ajuda de médicos aparentemente neutros que foram pagos para "filtrar" a verdade e montar um engodo.

A situação seria provavelmente mais transparente em termos de segurança do paciente se uma autoridade totalmente independente – isto é, não financiada de qualquer forma pela indústria farmacêutica – levasse a cabo os estudos necessários para atestar quais os usos off-label considerados seguros.

O grande obstáculo a este tipo de pesquisa é o seu custo. Poderia pensar-se em impor esses custos às próprias empresas farmacêuticos

[383] Brown, 2013: 611-619; Eguale, Buckeridge, Winslade et al., 2012; Feldman, Gauthier e Schuller, 2013: 620-628.

[384] No direito europeu esta proibição resulta do artigo 87(1)(2) da Directiva 2001/83.

cujos produtos estão a ser usados off-label, uma vez que na prática acabam por ser elas que mais beneficiam com a situação. Esta é uma sugestão apresentada por Rodwin[385], com base num argumento fundado na responsabilidade pelo risco. Este argumento parte da constatação de que todos os medicamentos são intrinsecamente perigosos pela sua própria natureza e todos apresentam reacções adversas. Não é justo ser o consumidor a arcar com o risco de utilizar um produto tão intrinsecamente perigoso, logo, Rodwin propõe que seja a empresa farmacêutica a arcar com tais custos, dado ser esta que lucra com o produto, ou seja, propõe a responsabilidade pelo risco do produtor. A empresa, mais do que o consumidor, tem maiores condições financeiras para arcar com essa responsabilidade. Mesmo que a empresa acabe por transferir o custo para os consumidores mediante um aumento do preço dos produtos, de qualquer forma Rodwin entende que tal solução – o custo recair sobre todos os consumidores – é mais justa do que impor o risco, e suas consequências, apenas ao específico consumidor lesado[386].

27.2. Consentimento informado do paciente

A exigência do prévio consentimento informado do paciente em relação a uma prescrição off-label é geralmente aceite no espaço europeu. Este requisito consta de algumas das leis que na Europa regulam a matéria[387] e foi sublinhado por vários tribunais europeus[388]. É também um requisito afirmado por entidades e organismos com competências em material de saúde, tais como o NICE no Reino Unido[389].

[385] Sugestao de Rodwin, 2014: 449 ss.

[386] Rodwin, 2014: 451.

[387] Impondo expressamente a exigência de consentimento informado do paciente nos usos off-label vejam-se os artigos 3/2 da Lei italiana nº 94/98 e 3/1 do Real Decreto espanhol nº 1015/2009.

[388] Por exemplo, por um tribunal disciplinar holandês (*Centraal Medisch Tuchtcollege*, decisão de 10 de Fevereiro de 1998, *apud* Schoonderbeek and Lisman, 2007/2008, pp. 25, 29), por um tribunal de Essen (*Amtsgericht Essen*, decisão de 16 de Abril de 2009, Az:. 21 C 486/08), pelo Supremo Tribunal Federal alemão (BGH, decisão de 22 de Maio de 2007, Az.: VI ZR 35/06 and BGH NStZ 1996, 34 (34), *apud* Parzeller, Wenk, Zedler et al., 2007) e pelo Supremo Tribunal Italiano (*Corte di Cassazione, Sezione IV Penale*, decisão de 24 de Junho de 2008, n. 37077).

[389] Esta preocupação pode ser encontrada em várias das suas recomendações, tais como https://www.nice.org.uk/guidance/cg72/resources/attention-deficit-hyperactivity-

As informações fornecidas ao paciente devem explicar claramente que se trata de um uso não autorizado pela AIM, as razões justificativas desta opção terapêutica, os possíveis resultados benéficos esperados, os riscos em que o paciente incorre, bem como outras alternativas disponíveis. A informação neste contexto é particularmente premente, uma vez que as empresas farmacêuticas tendem a esconder dados sobre reacções adversas resultantes de usos off-label e as agências públicas só recentemente começaram a recolher informações a este respeito. Por conseguinte, o público em geral não está ciente da existência desta prática e das consequências potencialmente perigosas que lhe estão associadas. Além disso, a informação deve também destacar que o respectivo custo poderá não ser suportado pelo serviço nacional de saúde ou pelo seguro médico privado do doente (a chamada informação económica)[390]. Somente na posse de todas estas informações pode o paciente fornecer o seu consentimento[391].

Se o doente tiver sido plenamente informado de todos os riscos e consequências e mesmo assim fornecer o seu consentimento, nenhum dano que venha a sofrer derivado do uso off-label (e que não seja imputável a má prática médica) implicará responsabilidade para o prestador de cuidados de saúde. Porém, pode ainda assim acarretar responsabilidade para a empresa farmacêutica na medida em que esta tenha promovido o uso off-label do medicamento ou nada tenha feito para o evitar.

27.3. Incentivos à indústria farmacêutica

Além de regulamentar a prescrição off-label, a ordem jurídica também deve fornecer mecanismos jurídicos destinados a incentivar a indústria farmacêutica a investir mais em pesquisa e desenvolvimento sobre as utilizações que até ao momento se processam em off-label.

A persistência de prescrições off-label poderá desencorajar as empresas farmacêuticas de investir em R&D e ter efeitos perniciosos para o desenvolvimento de novos produtos[392]. Por um lado, porque as

disorder-diagnosis-and-management-975625063621, https://www.nice.org.uk/guidance/cg92/resources/venous-thromboembolism-reducing-the-risk-for-patients-in-hospital-975745995973

390 Ask, 2014; Lenk e Duttge, 2014: 543.

391 Stafford, 2008:1428.

392 Obermann, 2013: 12.

empresas farmacêuticas receiam que pesquisas futuras revelem reacções adversas quanto aos usos off-label dos seus medicamentos, dos quais possam para si derivar eventuais responsabilidades. Por outro lado, porque alguns usos off-label são bastante rentáveis, uma vez que a empresa não gasta dinheiro em pesquisa e burocracia, mas ainda assim consegue enormes lucros com as suas vendas.

O facto de o uso off-label ser uma fonte de lucro pode desencorajar as empresas farmacêuticas de actuar contra os usos off-label dos seus produtos ou de requerer as respectivas AIM's. No entanto, esta passividade pode acarretar-lhes responsabilidades jurídicas, seja porque se entende que a sua actuação passiva deve ser equiparada à promoção off-label, seja porque algum paciente sofre danos no âmbito do uso off-label dos seus produtos e o produto se venha a considerer defeituoso.

27.4. Agravamento das sanções aplicadas às empresas farmacêuticas

A empresa farmacêutica não é automaticamente responsável pelo uso off-label dos seus produtos, mas já o será caso tenha promovido esse uso, dado que a promoção off-label é uma prática proibida na legislação europeia[393] e em várias outras jurisdições.

A Directiva 2001/83 proíbe a promoção de medicamentos para usos não licenciados no artigo 87, afirmando que "[o]s Estados-Membros devem proibir toda a publicidade de medicamentos para os quais não tenha sido concedida uma autorização de introdução no mercado conforme com o direito comunitário" (nº 1) e que «[t]odos os elementos da publicidade dos medicamentos devem estar de acordo com as informações constantes do resumo das características do produto" (nº 2).

No entanto, parece que as sanções previstas não estão a ser eficazes, uma vez que as grandes empresas farmacêuticas continuam a promover usos off-label, eventualmente porque as multas aplicadas não são suficientemente severas para desencorajar esta (altamente lucrativa) prática[394].

[393] Repucci, 2011.

[394] Rodwin, 2015: 435-450 e Rodwin, 2013: 658.

Veja-se o sucedido com o medicamento Gabapentin (Neurontin), comercializado pela farmacêutica Pfizer, inicialmente aprovada para tratar a epilepsia e mais tarde a neuralgia pós-herpética. Porém, algures entre 83% e 93% das suas vendas referiam-se a usos off-label. Mesmo durante os vários anos de litigância estes números mantiveram-se elevados, inclu-

Outro obstáculo que impede o controlo desta prática é a própria indefinição do termo "promoção" e a dificuldade em a distinguir de outras práticas correlacionadas, tais como a mera disseminação de informação, que não é proibida e deveria até ser incentivada, dado os enormes benefícios que pode trazer para o esclarecimento do paciente. Sucede, porém, que as empresas farmacêuticas tiram partido destes obscuros limites legais para continuar a promover off-label os seus produtos sob a capa de mera divulgação de informação.

As decisões existentes sobre esta matéria têm qualificado como efectiva promoção off-label práticas tais como a distribuição de amostras e incentivos financeiros aos médicos para que prescrevam o produto off-label; a organização de sessões informativas para os pacientes sobre a forma de garantir que o seu seguro de saúde irá efectivamente cobrir o custo de um uso off-label; bem como práticas que permitem o acesso a dados clínicos sensíveis susceptíveis de identificar potenciais futuros utilizadores de usos off-label[395].

Apesar de todos os esforços na tentativa de esclarecer os limites da prescrição off-label, a linha distintiva entre esta prática e outras consideradas lícitas continua a ser bastante ténue. Neste momento o desafio está em, apesar de tal dificuldade, continuar a punir as genuínas promoções off-label (além do mais, punir com sanções mais severas) e, por outro lado, permitir actividades meramente informativas.

27.5. Recolha de informações sobre os usos off-label

Seria de grande utilidade listar os usos off-label já consolidados (isto é, aqueles que não apresentam reacções adversas significativas), como forma de constituir uma base de dados com informações científica relevante[396]. Este mesmo propósito consta de um documento preparado

sivamente depois de a empresa ter aceitado um acordo de $325 milhões de dólares (https://www.reuters.com/article/us-pfizer-neurontin-settlement/pfizer-to-pay-325-million-in--neurontin-settlement-idUSKBN0ED1IS20140602 e).

[395] Kesselheim, Mello e Studdert, 2011; Mello, Studdert e Brennan, 2009.

[396] Lenk e Duttge, 2007.

Uma vez que não é possível analisar todos os possíveis usos off-label, uma opção seria analisar apenas aqueles mais frequentes de forma a concluir se devem ou não ser recomendados, o que apenas sucederá face aos usos que se mantém por longo período de tempo sem ocorrências negativas relevantes. Cfr. Abbott e Ayres, 2014: 390.

pela Comissão Europeia, no qual esta apela à EMA que elabore uma lista de usos off-label que devam ser admitidos, mesmo quando exista uma alternativa terapêutica devidamente autorizada[397].

A divulgação das conclusões recolhidas deve ser direccionada, não apenas para os médicos, mas também para os pacientes[398]. A isto acresce que os dados assim obtidos podem igualmente revelar-se úteis caso venha a ser pedida uma AIM para aquele uso[399].

Boa parte destes objectivos são visados por um conjunto de imposições de farmacovigilância (o famoso "*Pharma Package*"), também aplicável a usos off-label, orientado a recolher dados, analisá-los e divulgar os resultados. Actualmente o conceito de "reacção adversa", tal como vem acolhido no artigo 1(11) Directiva 2001/83, inclui igualmente as consequências negativas que ocorram durante o uso off-label, pelo que devem ser objecto de notificação e análise. Mediante estas imposições os vários intervenientes no sector da saúde – médicos, mas também farmacêuticos, seguradoras de saúde e entidades de controlo – são obrigados a contribuir com dados relevantes.

27.6. Supervisão e controlo das prescrições off-label

Sem prejuízo da existência de um regime legal para enquadrar a prescrição off-label, pode igualmente revelar-se útil o controlo destas práticas por parte de organismos com *know-how* na matéria, que lhes permita identificar potenciais riscos dos usos off-label.

A monitorização dos usos off-label inclui a recolha de dados relacionados com esta prática (nomeadamente dados para quantificar os riscos e benefícios), a sua análise e a divulgação das respectivas conclusões, de modo a que os *players* do sector da saúde possam ter mais informação disponível sobre possíveis reacções adversas neste domínio[400].

Para que tal suceda é imperioso impor às empresas farmacêuticas a obrigação de reportar as reacções adversas ocorridas durante o uso off-label dos seus produtos[401].

[397] European Commission, 2013.
[398] Stafford, 2008: 1428.
[399] ESMO, 2007.
[400] Assim também ESMO, 2007: 1924.
[401] Abbott and Ayres, 2014: 399-400.

Outra possível medida seria restringir a prescrição off-label a médicos ou a instituições com uma acreditação especial, concedida com base nos especiais conhecimentos que têm sobre os medicamentos[402].

Ainda uma outra forma de controlar os usos off-label traduz-se na imposição de regras internas (isto é, dentro de cada instituição prestadora de cuidados de saúde), bem como de *guidelines* e protocolos relativos às prescrições off-label[403]. Uma vez que as instituições prestadoras de cuidados de saúde não estão imunes às responsabilidades derivadas de danos causados aos doentes durante um uso off-label, certamente que terão todo o interesse em promover usos mais seguros, que mais não seja criando as suas próprias regras, especialmente quando a lei nacional não contenha regulamentação nesta matéria (como sucede em Portugal).

27.7. Redução dos casos de prescrição off-label

Com vista à redução da prescrição off-label uma hipótese seria atribuir às autoridades sanitárias e farmacêuticas o poder de se substituir ao fabricante e, por conseguinte, requerer uma AIM que cubra os usos que no presente decorrem off-label, alegando razões de promoção da saúde pública[404]. De acordo com esta sugestão, sempre que um uso off-label se torne recorrente e seja reconhecido como seguro e eficaz, as autoridades poderiam oficialmente solicitar ou conceder um AIM, ou ampliar o âmbito da AIM existente. No entanto, e por muito louvável que seja este propósito, a intromissão nas decisões económicas e empresariais das empresas farmacêuticas iria perturbar princípios básicos do mercado e conduzir à diminuição do investimento em R&D.

[402] Obermann, 2011: 34.

[403] Wu e Wu, 2014: 1272.

[404] Proposta de Obermann, 2011: 37.

Capítulo 28
A promoção off-label

A promoção off-label é proibida pelo direito europeu, independente de quaisquer danos que se venham a registar nos pacientes. Para evitar potenciais responsabilidades a empresa farmacêutica deve, não só abster-se de promover usos off-label, como desencorajar qualquer prescrição off-label. Por exemplo, deve incluir no folheto informativo do produto o uso adequado do medicamento e todas as contra-indicações do uso indevido. Na verdade, o folheto informativo é de extrema importância para os médicos, dado que os ajuda a emitir prescrições mais seguras; mas também para os pacientes, uma vez que é uma parte importante do seu consentimento informado. Mas acaba também por ser decisivo para delimitar a responsabilidade do produtor, uma vez que a prestação de informações fiáveis e completas sobre as utilizações recomendadas, precauções e contra-indicações pode revelar-se uma ferramenta importante para proteger a empresa farmacêutica de responsabilidades[405], incluindo da responsabilidade objectiva por defeito do produto (tendo em conta que o defeito de informação pode conduzir a tal responsabilidade).

Certo é que os lucros que a prescrição off-label continua a fornecer às empresas farmacêuticas (a troco de penalizações pouco desencorajadoras) alimentam a promoção desta prática, ainda que por via menos "óbvias": promoção de ensaios clínicos que sirvam de base a publicações

[405] Abbott e Ayres, 2014: 384-385.

em favor do uso off-label; contratação de médicos como consultores que possam aconselhar o uso off-label; apresentação de provas distorcidas relativas aos riscos e benefícios dos medicamentos; condicionamento de profissionais de saúde mediante programas de educação médica continuada e literatura médica (mesmo aquela que é sujeita a *peer-review*); recurso a *ghostwriters* para escrever artigos médicos; aconselhamento gratuito de pacientes sobre como obter o reembolso de prescrições off-label; pressão junto de organizações de consumidores[406].

[406] Rodwin, 2013: 657.

Parte VIII
Conclusões

Capítulo 29
Considerações finais

Os medicamentos são, por um lado, produtos especialmente valiosos, por outro lado, produtos especialmente perigosos.

O seu valor advém-lhes, desde logo, do essencial contributo para melhorar a nossa qualidade de vida e inclusivamente para garantir a nossa sobrevivência. Estas características tornam os medicamentos produtos especialmente lucrativos (ou seja, valiosos) para as empresas farmacêuticas.

Os seus perigos são fruto da sua própria natureza e do uso que lhes é dado (introdução no corpo humano), o que leva a que deles possam resultar danos graves e mesmo a morte. Tal sucede, desde logo, quando estamos perante um medicamento defeituoso, o qual, no espaço europeu, pode conduzir à responsabilidade objectiva do produtor. Ainda que o medicamento não se possa considerar defeituoso é frequente que cause reacções adversas, muitas vezes indetectáveis durante o seu processo de aprovação, e até inevitáveis.

Do binómio benefício versus perigo resultam duas exigências contraditórias.

Atendendo ao valor que os medicamentos aportam para a saúde e vida humana deveríamos encorajar a R&D, instituir mecanismos céleres e simples de aprovação de novos produtos e sua entrada no mercado e aligeirar o regime de responsabilidade do produtor, de forma a facilitar a entrada e manutenção no mercado de mais medicamentos inovadores.

Porém, a sua dimensão de produtos perigosos impõe uma preocupação oposta: tornar o procedimento de aprovação de novos medicamentos mais exigente, apertar o controlo sobre os medicamentos que existem no mercado e reforçar a responsabilidade das empresas farmacêuticas.

Este cenário, já de si complexo, é agravado pelos crescentes avanços da indústria farmacêutica (por exemplo, nanomedicamentos), pelo envolvimento de outros intervenientes e respectivas responsabilidades (a entidade que aprova a introdução do medicamento no mercado, o médico que o prescreve, o farmacêutico que o disponibiliza e até o consumidor-paciente que o toma), pela identificação de novos tipos de defeitos (nomeadamente defeitos de informação) e pelos recursos a práticas cujo enquadramento jurídico é ainda incerto (tal como a prescrição off-label). Daqui resulta que são cada vez maiores os riscos de danos a que os consumidores-pacientes estão sujeitos, mas também o risco de litigância para os vários *players* no sector da saúde.

REFERÊNCIAS BIBLIOGRÁFICAS

Abbott R., I. Ayres (2014). Evidence and Extrapolation: Mechanisms for Regulating Off-Label Uses of Drugs and Devices, *Duke Law Journal*, 64(3), 377-435.

Anderson C., J. Krska, E. Murphy e A. Avery (2011). The Importance of Direct Patient Reporting of Suspected Adverse Drug Reactions: A Patient Perspective, *British Journal of Clinical Pharmacology*, 72(5), 806-822.

APIFARMA (2013). Ensaios Clinicos em Portugal. Disponível em https://www.aibili.pt/ficheiros/EstudoInvestigClinica_em_Portugal_jun2013vf.pdf

Arnardottir H., F. M. Haaijer-Ruskamp, S. M. J. Straus, H.-G. Eichler, P. A. de Graeff e P.G.M. Mol (2011). Additional Safety Risk to Exceptionally Approved Drugs in Europe?, *British Journal of Clinical Pharmacology*, 72(3), 490-499.

Arrowsmith J. (2011). Trial Watch: Phase II and Submission Failures 2007-2010, *Nature Reviews Drug Discovy*, 10, 87.

Ask M. (2014) Drug Companies Oppose Moves to Reimburse Off-Label Medicine, The Wall Street Journal. Disponível em http://www.wsj.com/articles/drug-companies-oppose-moves-to-reimburse-off-label-medicine-1406287000

Balasubramanian G., S. Morampudi, P. Chhabra, A. Gowda e B. Zomorodi (2016). An overview of Compassionate Use Programs in the European Union member states, *Intractable & Rare Diseases Research*, 5(4), 244–254. Disponível em http://doi.org/10.5582/irdr.2016.01054

Barbosa C. e M.F. Matos (2016). Prescrição Off-Label, Direito à Informação, Consentimento Informado e Processo Clinico Eletrónico no Direito Português, *Cadernos Ibero-Americanos de Direito Sanitário,* 5(3), 157-179.

Barkus R. e A. Derian (2005). Physician and Hospital Liability in Drug and Medical – Device Litigation. In: *Drug Injury: Liability, Analysis and Prevention*

(J. O'Donnell ed.), 861-868. Tucson: Lawyers and Judges Publishing Company.

Barrios Flores L.F (2014). Responsabilidad por Uso Compasivo y Off-Label de Medicamentos, *DS: Derecho y Salud*, 24(1), 28-49.

Bastos P. (2015). Utilização Off-Label de Medicamentos Para o Sistema Cardiovascular na População Pediátrica, *Acta Farmacêutica Portuguesa*, 4(2), 70-82.

Bawa R. (2016). Small is Beautiful. In: *Handbook of Clinical Nanomedicine*. Vol. 1. Nanoparticles, Imaging, Therapy, and Clinical Applications (R. Bawa, G.F. Audette and I. Rubinstein eds.). Disponível em https://amsocnanomed.org/files/www/Handbook_of_Clinical_Nanomedicine_-_2_Volume_Set_28201629.pdf

Beard B. (2009). Forgotten People, Forgotten Diseases: The Neglected Tropical Diseases and Their Impact on Global Health and Development, *Emerging Infectious Diseases*, 15(3), 510-511.

Bégaud B., A. Chaslerie e F. Haramburu (1994). Organization and Results of Drug Vigilance in France, *Revue d'Épidémiologie et de Santé Publique*, 42, 416–423.

Berry E. (2013). Responsabilité du Fait des Produits de Santé, Rapport Français. Travaux issus des séminaires "Droits nationaux et projets européens en matière de responsabilité civile" organisés par le GRERCA, La responsabilité médicale, Université de Louvain la Neuve (Belgique), 13 et 14 septembre 2013. Disponível em http://grerca.univ-rennes1.fr/digitalAssets/310/310408_Berry_E_Resp_fait_produits_sante__Rptfr_.pdf

Bombillar Sáenz F.M. (2010). Intervención Administrativa y Régimen Jurídico del Medicamento en la Unión Europea, Tesis Doctoral, Granada. Disponível em http://0-hera.ugr.es.adrastea.ugr.es/tesisugr/18645781.pdf

Bouvy J.C., M.L. De Bruin e M.A. Koopmanschap (2015). Epidemiology of Adverse Drug Reactions in Europe: A Review of Recent Observational Studies, *Drug Safety*, 38(5), 437–453.

Brown A. (2013). Understanding Pharmaceutical Research Manipulation in the Context of Accounting Manipulation, *Journal of Law, Medicine & Ethics*, 41(3), 611-619.

Brushwood D.B. (2003). The Challenges of Pharmacogenomics for Pharmacy Education, Practice, and Regulation. In: *Pharmacogenomics: Social, Ethical, and Clinical Dimensions*, 207-225 (M.A. Rothstein, ed.). Hoboken, N.J.: Wiley-Liss.

Bundesärztekammer (German Medical Association) (2009). Cross-Sectional Guidelines for Therapy with Blood Components and Plasma Derivatives, Executive Committee of the German Medical Association on the recommendation of the Scientific Advisory Board (4th revised edition) 2009, revised in 2011. Disponível em http://www.bundesaerztekammer.de/fileadmin/user_upload/downloads/Querschnittsleitlinie_Gesamtdokument-englisch_07032011.pdf

Burton C. (2015). New French Rules on Off-Label Use, *The National Law Review*. Disponível em http://www.natlawreview.com/article/new-french-rules-label-use

Carrasco M.I. e M.R. Puig (2003). El Principio de Precaución y la Defensa de los Consumidores, *Documentación Administrativa*, 265-266, 185-236.

Center For Legal Policy At The Manhattan Institute American Tort Reform Foundation U.S. Chamber Institute For Legal Reform (2001). Green Paper and the Future of Product Liability in Europe, *Global Liability Issues*, 1. Disponível em http://www.manhattan-institute.org/html/gli_1.htm

Chrisholm A. (2013). Prescribing Outside of a Drug's Licence: Issues and Implications, *Prescriber*, 27-32.

Comer B.A. (2009).The Status of the Learned Intermediary Rule in South Carolina. Disponível em http://scproductsliabilitylaw.blogspot.com/2009/05/learned-intermediary-doctrine-in-south.html.

Comissão Europeia (2000). Comunicação da Comissão Relativa ao Princípio da Precaução, COM/2000/0001, Bruxelas, 2.2.2000. Disponível em https://eur-lex.europa.eu/legal-content/PT/TXT/PDF/?uri=CELEX:52000DC0001&from=PT

Comissão Europeia (2001). Relatório da Comissão sobre a Aplicação da Diretiva 85/374 em Matéria de Responsabilidade Decorrente de Produtos Defeituosos, Bruxelas, 31.01.2001, COM (2000) 893 final.

Cooksey D.A. (2006). Review of UK Health Research Funding, Her Majesty's Stationery Office, London, UK. Disponível em https://www.gov.uk/government/uploads/system/uploads/attachment_data/file/228984/0118404881.pdf

Cooner D. (s.d.). The Intersection of Madison Avenue and the Learned Intermediary Doctrine. Disponível em http://library.findlaw.com/2003/Mar/7%20/132622.html

Curfman G.D., S. Morrissey e J.M. Drazen (2006). Expression of Concern Reaffirmed, *New England Journal of Medicine*, 354,1193.

Cutler D.M. e W. Everett (2010). Thinking Outside the Pillbox – Medication Adherence as a Priority for Health Care Reform, *New England Journal of Medicine*, 362, 1553-1555.

De Nayer A., A. Masson, M.A. Domken, V. Dubois, M. Floris, B. Gillain, L. Mallet, O. Pirson, E. Stillemans e J. Detraux (2013). Prescription Hors

Autorisation de Mise sur le Marché (AMM) des Antipsychotiques, *Supplément à Neurone*, 18(3).

DEANGELIS C.D. (2016). Big Pharma Profits and the Public Loses, *The Milbank Quarterly*, 94, 30-33.

DEGRASSAT-THÉAS A., F. Bocquet, M. Sinègre, J. Peigné e P. Paubel (2015). The "Temporary Recommendations for Use": A Dual-Purpose Regulatory Framework for Off-Label Drug Use in France, *Health Policy*, 119, 1399-1405.

DELFORGE, C. (2015). La responsabilité civile du fait des produits de santé. In: *L'Indemnisation des Victimes d'Accidents Médicaux en Europe* (Groupe de Recherche Européen sur la Responsabilité Civile et l'Assurance – GRERCA), 293-310. Bruxelles: Bruylant.

DELOITTE (2013). Impact of Pricing Austerity on European Pharmaceutical Policy and Pricing. Disponível em http://www2.deloitte.com/content/dam/Deloitte/lu/Documents/life-sciences-health-care/uk-research-austerity.pdf

DENT R.B. (2013). No Duty to Warn of Drug Interactions: A Dangerous Prescription, *John Marshall Law Review*, 46, 533-560.

DIMASI J.A., H.G. Grabowski, R.W. Hansen (2016). Innovation in the Pharmaceutical Industry: New Estimates of R&D Costs, *Journal of Health Economics*, 47, 20-33.

DRESSER R., J. Frader (2009). Off-Label Prescribing: A Call for Heightened Professional and Government Oversight, *The Journal of Law, Medicine & Ethics*, 37(3), 476–396.

DUARTE D. (2006). Medicamentos para Crianças. A Realidade Actual na União Europeia, *Revista Lusófona de Medicamentos e Tecnologias da Saúde*, 3(1), 9-18.

DUARTE D. e H. Fonseca (2008). Melhores Medicamentos em Pediatria, *Acta Pediátrica Portuguesa*, 39(1): 17-23.

DWECK M. (2014). Note: Failing To Warn In The Context Of Rare Side Effects, *Cardozo Public Law, Policy & Ethics Journal*, 12, 424-456.

EDWARDS I.R. e J. K. Aronson (2000). Adverse Drug Reactions: Definitions, Diagnosis, And Management, *Lancet*, 356(9237),1255-1259.

EGUALE T., D.L. Buckeridge, N.E. Winslade, A. Benedetti, J.A. Hanley e R. Tamblyn, (2012). Drug, Patient, and Physician Characteristics Associated with Off-Label Prescribing in Primary Care, *Archives of Internal Medicine*, 172, 781-788.

EMA (European Medicines Agency) (2002). Concept Paper on Conduct of Pharmacovigilance for Medicines Used by Children. Disponível em http://www.ema.europa.eu/docs/en_GB/document_library/Scientific_guideline/2009/09/WC500003765.pdf

EMA (European Medicines Agency) (2004). Evidence of Harm from Off Label or Unlicensed Medicines in Children, EME/11207/04. Disponível em http://www.ema.europa.eu/docs/en_GB/document_library/Other/2009/10/WC500004021.pdf

EMA (European Medicines Agency) (2005). Guideline on Procedures for the Granting of a Marketing Authorisation under Exceptional Circumstances, Pursuant to Article 14 (8) of Regulation (EC) N. 726/2004, EMEA/357981/2005. Disponível em http://www.ema.europa.eu/docs/en_GB/document_library/Regulatory_and_procedural_guideline/2009/10/WC500004883.pdf

EMA (European Medicines Agency) (2013). Guideline on Good Pharmacovigilance Practices (GVP), Annex I – Definitions (Rev 2). EMA/876333/2011 Rev 2. Disponível em http://www.ema.europa.eu/docs/en_GB/document_library/Scientific_guideline/2014/04/WC500165593.pdf

ESMO (European Society for Medical Oncology) (2007). The Off-Label of Drugs in Oncology: A Position Paper by the European Society for Medical Oncology (ESMO), *Annals of Oncology*, 18, 1923–1925.

European Commission (2012). Communication From The Commission To The European Parliament, The Council And The European Economic And Social Committee Second Regulatory Review on Nanomaterials /* COM/2012/0572 final */. Disponível em http://eur-lex.europa.eu/legal-content/EN/TXT/?uri=CELEX:52012DC0572

European Commission (2013). Report from the Commission to the Council on the Basis of Member States' Reports on the Implementation of the Council Recommendation (2009/C 151/01) on Patient Safety, Including the Prevention and Control of Healthcare-Associated Infections (2013/2022(INI)). Disponível em http://www.europarl.europa.eu/oeil/popups/printficheglobal.pdf?id=618835&l=en

European Commission (2013). Better Medicines for Children: From Concept to Reality. COM (2013) 443 Final. Disponível em http://ec.europa.eu/health/files/paediatrics/2013_com443/paediatric_report-com(2013)443_en.pdf

European Patients' Forum (2014). The New EU Pharmacovigilance Legislation: Directive 2010/84/EU and Regulation no. 1235/2010 Guidance for Patient Organisations.

FDA (Us Food And Drug Administration) (2007), Nanotechnology – A Report of the U.S. Food and Drug Administration: Nanotechnology Task Force. Disponível em http://www.fda.gov/downloads/ScienceResearch/SpecialTopics/Nanotechnology/ucm110856.pdf

Feldman Y., R. Gauthier e T. Schuller (2013). Curbing Misconduct in the Pharmaceutical Industry: Insights from Behavioral Ethics and the Behavioral Approach to Law, *Journal of Law, Medicine & Ethics*, 41(3), 620-628.

Feldschreiber P. e A. Breckenidge (2008). The Structure and Function of Medicines Regulation in Europe. In: *The Law and Regulation of Medicines*, 3-21 (P. Feldschreiber, ed.). Oxford: Oxford University Press.

Feldschreiber P. (2008). Marketing Authorization. In: *The Law and Regulation of Medicines*, 103-110 (P. Feldschreiber, ed.). Oxford: Oxford University Press.

Fleischer L. (1999). From Pill-Counting to Patient Care: Pharmacists' Standard of Care in Negligence Law, *Fordham Law Review*, 68, 165-187.

Friedman R. (2010). Take Two of This and Sue me in the Morning: Efficacy of the Learned Intermediary Doctrine in Prescription Drug Failure to Warn Cases, *St. Thomas Law Review*, 22, 278-295.

General Medical Council (2013). Good Medical Practice London, General Medical Council. Disponível em https://www.gmc-uk.org/ethical-guidance/ethical-guidance-for-doctors/prescribing-and-managing-medicines-and-devices/about-this-guidance

Ghinea N., I. Kerridge, M. Little e W. Lipworth (2016). Challenges to the Validity of Using Medicine Labels to Categorize Clinical Behavior: An Empirical and Normative Critique of 'Off-Label' Prescribing, *Journal of Evaluation in Clinical Practice*, 23(3), 574-581.

Ghinea N., W. Lipworth e I. Kerridge (2015). Off-label Promotion of Prescription Medicine: Is It Ever Justifiable?, *Therapeutic Innovation and Regulatory Science*, 49, 359–363.

Gibson S. (2014). Regulating Direct-to-Consumer Advertising of Prescription Drugs in the Digital Age, *Laws*, 3(3), 410-438.

González A.B. (2005). Cuando las Cosas Hablanel Res Ipsa Loquitur y La Carga de la Prueba en la Responsabilidad Civil, *Themis: Revista de Derecho*, 50, 217-236.

Gordon P. (2013), Fear of the Soul: In Defence of Therapeutic Freedom, *Existential Analysis: Journal of the Society for Existential Analysis*, 24(2), 217-228.

Graham D.J. (2004). Memorandum: Risk of Acute Myocardial Infarction and Sudden Cardiac Death in Patients Treated with COX-2 Selective and Non-Selective NSAIDs. Disponível em http://www.druginjurylaw.com/vioxxgraham.pdf

Green M.D. (1999). Prescription Drugs, Alternative Designs, and the Restatement (Third): Preliminar Reflections, *Seton Hall Law Review*, 30(1), 207-232.

Hancher L. e E. Földes (2011). Push or Pull? – Information to Patients and European Law, Research Paper 06. Disponível em https://www.tilburguniversity.edu/upload/67aad0ab-b2f9-4290-a1cc-34aeccda6da2_push-pull.pdf

HARDING R. e E. Peel (2013). "He Was Like a Zombie": Off-Label Prescription of Antipsychotic Drug in Dementia, *Medical Law Review*, 21(2), 243-277.

HARRIS S. (2010). The Regulation of Nanomedicine: Will the Existing Regulatory Scheme of the FDA Suffice?, *Richmond Journal of Law & Technology*, XVI(2), 1-25.

HARTZELL A., J. Rotondo e D. Foster (2006). Nanotechnology, *Products Liability Newsletter*, 17(3). Disponível em http://www.daypitney.com/news/docs/dbh/news.3720.pdf

HENKEL C. (2002). The Allocation of Powers in the European Union: A Closer Look at the Principle of Subsidiar, *Berkeley Journal of International Law*, 20, 359-386.

HERDEIRO M.T., M. Ferreira, I. Ribeiro-Vaz, J.J. Polónia e A. Costa-Pereira (2012). O Sistema Português de Farmacovigilância, *Acta Médica Portuguesa*, 25(4), 241-249

HERDER M. (2014). Towards a Jurisprudence of Drug Regulation, *Journal of Law, medicine and Ethics*, 42(2), 244-262.

HERPER M. (2013). The Cost of Creating a New Drug Now $5 Billion, Pushing Big Pharma To Change, *Forbes*, Aug 11, 2013. Dosponível em https://www.forbes.com/sites/matthewherper/2013/08/11/how-the-staggering-cost-of-inventing-new-drugs-is-shaping-the-future-of-medicine/#2cc8b48113c3

HEYMANN L.A. (2008). The Reasonable Person in Trademark Law, *Saint Louis University Law Journal*, 52, 781-793.

HIBBARD J.H. e E. Peters (2003). Supporting Informed Consumer Health Care Decisions: Data Presentation Approaches that Facilitate the Use of Information in Choice, *Annual Review of Public Health* 24, 413-433.

HILL P. (2005). Off Licence and Off Label Prescribing in Children: Litigation Fears for Physicians, *Archives of Disease in Childhood*, 90(1), i17-i18, doi: 10.1136/adc.2004.058867.

HORNISH M.L. (200). Just What the Doctor Ordered-Or Was It?: Missouri Pharmacists› Duty of Care in the 21st Century, *Missouri Law Review*, 65, 1075-1100.

HUANG Y.L., J. Moon e J.B. Segal (2014). A Comparison of Active Adverse Event Surveillance Systems Worldwide, *Drug Safety*, 37(8), 581-596.

HUNTER R. e L. Bergkamp (2001). Should Europe's Product Liability Regime be Expanded? Comments on the European Commission's Green Paper on Product Liability, *Analysis & Perspectives*, 29(17), 403-417.

JOHNSO S.H. (2008). Polluting Medical Judgment? False Assumptions in the Pursuit of False Claims Regarding Off-Label Prescribing, *Minnesota Journal Law Science and Technology*, 9(1), 61-124.

JÖRG A. (2007). Medicinal Products during Pregnancy and Lactation – An Issue of Risk Management. Disponível em http://dgra-online.de/media/pdf/studium/masterthesis/master_joerg_a.pdf

KANE M. (2009). Symposium Issue: Regulating the Cure Topics Arising Out of the Prescription of Drugs Off-Label: Presentation: Off-Label Drug Use: Pros and Cons, *Albany Law Journal of Science & Technology*, 19, 577-586.

KAUFMANN S.R. e J.D. Johnson (2007). The Learned Intermediary Doctrine and Pharmaceutical Company Liability, *Illinois Bar Journal*, 95(4). Disponível em https://www.heplerbroom.com/cmss_files/attachmentlibrary/2007-SRK-IBJ-Article.pdf

KCE (Federaal Kenniscentrum Voor De Gezondheidszorg) (2015). Towards a Better Managed Off-Label Use of Drugs, *Health Services Research*, KCE Report 252Cs. Disponível em https://kce.fgov.be/sites/default/files/page_documents/KCE_252C_Off-label%20drugs_Synthesis.pdf

KEITH R. e Z. Lin (2007), SARS in Chinese Politics and Law, *China Information*, 21(3), 401-422.

KESSELHEIM A, M.M. Mello e D.M. Studdert (2011). Strategies and Practices in Off-Label Marketing of Pharmaceuticals: A Retrospective Analysis of Whistleblower Complaints, *Plos Medicine*, 8(4). Doi:10.1371/journal.pmed.1000431

KILLICK J., M. Kritikos (2012). The European Court Affirms that Public Safety Comes First: Financial Considerations Cannot Justify the Placing on the Market of Unlicensed Medicines, White & Case. Disponível em http://www.whitecase.com/sites/whitecase/files/files/download/publications/Article-European-Court-affirms-public-safety-comes-first-unlicensed-medicines.pdf

KLOSE J. (2006). The Pharmaceutical Industry and Product Liability Exposures. Disponível em http://www.imc-seminars.com/uploads/papers/johannes_klose.pdf

KRAPOHL S. (2008). *Risk Regulation in the Single Market: The Governance of Pharmaceuticals and Foodstuffs in the European Union*. Basingstoke: Palgrave Macmillan.

KUMAR A. (2017) Pharmacovigilance: Importance, Concepts, and Processes, *American Journal of Health-System Pharmacy*, 74(8), 606-612.

L'ECLUSE P., C. Longeval e K. T'syen (2013). Off-label Use of Medicinal Products and Product Liability, Practical Law Company, Multi-Jurisdictional Guide 2013 Life Sciences. Disponível em http://www.practicallaw.com/8-525-5657/

LACHMANN P.J. (2012). The Penumbra of Thalidomide, the Litigation Culture and the Licensing of Pharmaceuticals, *QJM: An International Journal of Medicine*, 105(12), 1179-1189.

LANGEROVÁ P., J. Vrtal e K. Urbánek (2014). Incidence of Unlicensed and off-Label Prescription in Children, *Italian Journal of Pediatrics*, 40(12). Disponível em http://www.ncbi.nlm.nih.gov/pmc/articles/PMC3915231/pdf/1824-7288-40-12.pdf

LASSER K.E., P.D. Allen, S.J. Woolhandler, D.U. Himmelstein, S.M. Wolfe e D.H. Bor (2002). Timing of New Black Box Warnings and Withdrawals for Prescription Medications, *JAMA*, 287, 2215-2220.

LENK C. e G. Duttge (2014). Ethical and Legal Framework and Regulation for Off-Label Use: European Perspective, *Therapeutics and Clinical Risk Management*, 10, 537-546

LEONARDO T.J. (2008). Tort Law – Extending Physician's Duty of Care to Third Parties for Breach of Duty Owed to Patient – Coombes v. Florio, 877 N.E.2d 567 (Mass. 2007), *Suffolk University Law Review*, 42, 277-284

LINGER L.M. (1990). The Products Liability Directive: A Mandatory Development Risks Defense, *Fordham International Law Journal*, 14(2), 408-509

LISMAN J. e C. Schoonderbeek (2005). *An Introduction to EU Pharmaceutical Law*. London: Brookwood Medical Publications.

LOMAS HERNÁNDEZ V. (016). El Uso de Medicamentos Fuera de Ficha Técnica: La Responsabilidad Profesional del Médico y la Importancia de las Comisiones Farmacoterapéuticas, *Revista CESCO de Derecho de Consumo*, 18, 71-88

MAGLIO I. (2013). Responsabilidad Médica en la Prescripcion de Fármacos en Indicaciones no Aprobadas (Uso Off Label), Biblioteca Virtual Noble. Disponível em http://www.noble-arp.com/src/img_up/30102013.0.pdf

MANN J. (2015). FDA Adverse Event Reporting System: Recruiting Doctors to Make Surveillance a Little Less Passive, *Food Drug Law Journal*, 70(3), 371-394.

MASON J., M. Pirmohamed e T. Nunn (2012). Off-Label and Unlicensed Medicine Use and Adverse Drug Reactions in Children: A Narrative Review of the Literature, *European Journal of Clinical Pharmacoly*, 68(1), 21-28.

MAZZITELLO C., S. Esposito, A.E. De Francesco, A. Capuano, E. Russo e G. De Sarro (2013). Pharmacovigilance in Italy: An Overview, *Journal of Pharmacology & Pharmacotherapeutics*, 4(1), S20-S28.

MCBRIDE W.G. (1961). Thalidomide and Congenital Abnormalities, *Lancet*, 278(7216), 1358.

MCNAUGHTON R., G. Huet e S. Shakir (2002). An Investigation into Drug Products Withdrawn from the EU Market between 2002 and 2011 for Safety Reasons and the Evidence Used to Support the Decision-Making, *BMJ Open*, 4.1, e004221.

Mello M.M., D.M. Studdert e T.A. Brennan (2009). Shifting Terrain in the Regulation of Off-Label Promotion of Pharmaceuticals, *The New England Journal of Medicine*, 360,1557-1566.

Miller R.K. (2013). Sacrificial Lambs: Compensating First Subscribers to FDA-Approved Medications for Postmarketing Injuries Resulting from Unlabeled Adverse Events, *Catholic University Law Review*, 62, 429-473.

Neres A.T. e P.B.S. Ferreira (2015). Farmacovigilância e Notificação Espontânea. Disponível em http://www.ff.ul.pt/ufs/files/2015/09/FormacaoRegional_2015.pdf

Neubert A., I.C. Wong, A. Bonifazi, M. Catapano, M. Felisi, P. Baiardi, C. Giaquinto, C.A. Knibbe, M.C. Sturkenboom, M.A. Ghaleb e A. Ceci (2008). Defining Off-Label and Unlicensed Use of Medicines for Children: Results of a Delphi Survey, *Pharmacological Research*, 316-322.

NICE (National Institute for Health and Care Excellence) (2017). Evidence Summaries: Process Guide Process and Methods. Disponível em nice.org.uk/process/pmg31

NICE (National Institute for Health and Care Excellence) (2013). Consultation Comments on the Draft Remit and Draft Scope for the Technology Appraisal of Aflibercept for Treating of Visual Impairment Caused by Macular Oedema Secondary to Central Retinal Vein Occlusion. Disponível em https://www.nice.org.uk/guidance/ta305/documents/macular-oedema-central-retinal-vein-occlusion-aflibercept-solution-for-injection-1st-line-response-to-consultee-and-commentator-comments-on-the-draft-scope-and-provisional-matrix2

Öberg J. (2016). Subsidiarity as a Limit to the Exercise of EU Competences, *Yearbook of European Law*, 1-30.

Obermann S. (2013) Off-Label Use of Medicines – General Aspects, Challenges and Strategies (Wissenschaftliche Prüfungsarbeit zur Erlangung des Titels, – Master of Drug Regulatory Affairs der Mathematisch-Naturwissenschaftlichen Fakultät der Rheinischen Friedrich-Wilhelms-Universität Bonn). Disponível em http://dgra.de/media/pdf/studium/masterthesis/master_obermann_s.pdf

Organización Panamericana De Salud Oficina Sanitaria Panamericana, Oficina Regional De La Organización Mundial De La Salud (1993). El Papel del Farmacéutico en el Sistema de Atención de Salud, Informe de La Reunión de la OMS Tokio, Japón, 31 de agosto al 3 de septiembre de 1993 (documento OPS/HSS/HSE/95.01). Disponível em https://www.paho.org/bra/index.php?option=com_docman&view=download&alias=793-el-papel-farmaceutico-sistema-atencion-a-salud-informe-reunion-oms-toki-3&category_slug=vigilancia-sanitaria-959&Itemid=965

ORPHANET (2018). Lists of medicinal products for rare diseases in Europe, Orphanet Report Series, Orphan Drugs Collection, April 2018. Disponível em http://www.orpha.net/orphacom/cahiers/docs/GB/list_of_orphan_drugs_in_europe.pdf

OSBORN J.E. (2010). Can I Tell You the Truth? A Comparative Perspective on Regulating Off-Label Scientific and Medical Information, *Yale Journal of Health Policy, Law, and Ethics*, 10(2), 301-356.

OYEKAN E., A. Nimalasuriya, J. Martin, R. Scott, R.J. Dudl e K. Green (2009). The B-SMART Appropriate Medication-Use Process: A Guide for Clinicians to Help Patients–Part 1: Barriers, Solutions, and Motivation, *The Permanente Journal*, 13(1), 62-69.

PARRA LUCÁN M.A. (2014). Responsabilidad por los Efectos Indeseables de los Medicamentos, *Revista CESCO de Derecho de Consumo*, 11, 1-28.

PARZELLER M., M. Wenk, B. Zedler e M. Rothschil (2007). Patient Information and Informed Consent before and After Medical Intervention, *Dtsch Arztebl*, 104(9), 576–86.

PATIL S. (2016). Early Access Programs: Benefits, Challenges, and Key Considerations for Successful Implementation, *Perspectives in Clinical Research*, 7:4-8. Disponível em from: http://www.picronline.org/text.asp?2016/7/1/4/173779

PEDRO R.T. (2008). *A Responsabilidade Civil do Médico: Reflexões sobre a Noção da Perda de Chance e a Tutela do Doente Lesado*. Coimbra: Coimbra Editora.

PEREIRA A. (2004). *O Consentimento Informado na Relação Médico-Paciente*. Coimbra: Coimbra Editora.

PERMANAND G. (2006). *EU Pharmaceutical Regulation – The Politics of Policy Making*. Manchester and New York: Manchester University Press.

PICARD C. (2015). Temporary Recommendation for Use Framework Amended. International Law Office. Disponível em http://www.internationallawoffice.com/Newsletters/Healthcare-Life-Sciences/France/Dentons/Temporary-recommendation-for-use-framework-amended

PINSENT MASONS (2014). Connectivity in the Life Sciences and Healthcare Sectors Fast-tracking BioPharma Innovation to Patients in Europe. Disponível em https://www.pinsentmasons.com/PDF/Fast-trackingBioharmain.pdf

PLATE V. (2009) The Impact of Off-Label, Compassionate and Unlicensed Use on Health Care Laws in preselected Countries (Dissertation zur Erlangung des Doktorgrades (Dr. rer. nat.) der Mathematisch-Naturwissenschaftlichen Fakultät der Rheinischen Friedrich-Wilhelms-Universität Bonn). Disponível em http://hss.ulb.uni-bonn.de/2009/1936/1936.pdf

PORTER A. (2012). Old Habits Die Hard: Reforming the Learned Intermediary Doctrine in the Era of Direct-to-Consumer Advertising, *McGeorge Law Review*, 43, 434-460.

PREBLE E. (2010). Preemptive Legislation in the European Union and the United States on the Topic of Nanomedicine: Examining the Questions Raised by Smart Medical Technology, *Indiana Health Law Review*, 7, 398-425.

PRESTON I.L. (1974). Reasonable Consumer or Ignorant Consumer? How the FTC Decides, *Journal of Consumer Affairs*, 8, 131-143.

PUIU M. e D. DAN (2010). Rare Diseases, from European Resolutions and Recommendations to Actual Measures and Strategies, *Mædica* 5.2, 128–131.

QUAGLIOA G., T. Karapiperisa, L. Van Woensela, E. Arnolda e D. Mcdaidb (2013). Austerity and Health in Europe, *Health Policy*, 113(1–2), 13-19.

RADLEY D.C., S.N. Finkelstein e R.S. Stafford (2006). Off-Label Prescribing among Office Based Physicians, *Archives of Internal Medicine*, 166, 1021–1026.

RAFTERY J., V. Clegg, V. Jones, S.C. Tan e A. Lotery (2007). Ranibizumab (Lucentis) Versus Bevacizumab (Avastin): Modelling Cost Effectiveness, *British Journal of Ophthalmology*, 91, 1244-1246.

RÄGO L. e B. Santoso (2008). Drug Regulation: History, Present and Future. In *Drug Benefits and Risks: International Textbook of Clinical Pharmacology*, revised 2nd edition (C.J. van Boxtel, B. Santoso and I.R. Edwards, eds), 65-77. Upsala: IOS Press and Uppsala Monitoring Centre.

RAHBARI M. e N.N. Rahbari (2011). Compassionate Use of Medicinal Products in Europe: Current Status and Perspectives, *Bulletin of the World Health Organization*, 89, 163-163.

RAJOT B. (2012). Renforcement de la Sécurité Sanitaire du Médicament et des Produits de Santé, *Responsabilité Civile et Assurances*, 1, 2-4.

RAMEY M.A. (2010). Conte v. Wyeth: Caveat Innovator and the Case for Perpetual Liability in Drug Labeling, *Pittsburgh Journal of Environmental and Public Health Law*, 4, 73-114

RAMOS GONZÁLEZ S. (2005). Responsabilidad Civil por Medicamento: El Defecto de Diseño (Un Análisis Comparado de los Criterios de Definición del Defecto en España y en los EE.UU.), *InDret*, 287. Disponível em http://www.indret.com/pdf/287_es.pdf

RAPOSO V.L. (2013a). A Responsabilidade do Produtor por Danos Causados por Dispositivos Médicos, *Revista do Instituto de Direito Brasileiro*, 2(5), 4275-4339.

RAPOSO V.L. (2013b). *Do Ato Médico ao Problema Jurídico: Breves Notas sobre o Acolhimento da Responsabilidade Médica Civil e Criminal na Jurisprudência Nacional*. Coimbra: Almedina.

Raposo V.L. (2014a). Em Busca da Chance Perdida (O Dano da Perda de Chance, em Especial na Responsabilidade Médica), *Revista do Ministério Público*, 35(138), 9-62.

Raposo V.L. (2014b). Prescrição Off-Label de Medicamentos e de Dispositivos Médicos, *Lex Medicinae*, 11(21), 35-76.

Raposo V.L. (2016). Patients' Rights and Medical Liability within Off-Label Prescription, The European Conference on Politics, Economics & Law 2016 Official Conference Proceedings. Disponível em http://papers.iafor.org/papers/ecpel2016/ECPEL2016_30492.pdf

Raposo V.L. (2017a). Is Money Thicker than Health? – Economic Motivated Off-Label Prescription in an Austere Europe, *International Journal of Health and Life Sciences*, 3(1), 44-59.

Raposo V.L. (2017b). What Is Off-Label Prescription and How Is It (Non) Regulated in China, *Asia Pacific Journal of Health Law and Ethics*, 1-21.

Raposo V.L. (2018). O que é que Você Sabe sobre o seu Comprimido? (A Informação em Relação a Produtos Farmacêuticos), *Revista de Direito do Consumidor*, 117 (no prelo).

Ratner M. e T. Gura (2008). Off-Label or Off-Limits?, *Nature Biotechnology*, 26, 867–875.

Repucci N. (2011). An Examination of Off-Label Marketing and Promotion: Settlements, Issues, and Trends, *Journal of Health Care Compliance*, 15-21.

Resnik D. (2012). Responsible Conduct in Nanomedicine Research: Environmental Concerns Beyond the Common Rule, *Journal of Law, Medicine and Ethics*, 40(4), 848-855.

Resnik D. e S.S. Tinkle (2007), Ethics in Nanomedicine, *Nanomedicine*, 2(3), 345–350.

Ribeiro M.A. (2011). Prescrição de Fármacos Off-Label numa Unidade de Urgência Pediátrica. Dissertação para obtenção do Grau de Mestre em Medicina, Universidade da Beira Interior, Ciências da Saúde, Covilhã. Disponível em http://www.fcsaude.ubi.pt/thesis2/tema.php?id=17857c99d578830b

Rich R. (1982). Reaching Closure on Health-Related Controversies. In: *Responsibility in Health Care* (G. Agich, ed.), 245-259. Dordrecht, Boston, London: D. Reidel Publishing Company.

Riley J.Jr. e P.A. Basilius (2007). Physicians' Liability for Off-Label Prescriptions, *Hematology and Oncology News & Issues*, 24-27

Rocchi F., P. Paolucci, A. Ceci e P. Rossi (2010). The European Pediatric Legislation: Benefits and Perspectives. *Italian Journal of Pediatrics*, 36(56) 1-7. Disponível em http://www.ijponline.net/content/pdf/1824-7288-36-56.pdf

Rodwin M.A. (2013). Rooting out Institutional Corruption to Manage Inappropriate Off-Label Drug Use, *The Journal of Law, Medicine & Ethics,* 41(3), 654-664.

Rodwin M.A. (2014). Compensating Pharmaceutical Injuries in the Absence of Fault, *Food and Drug Law Journal*, 69, 447-470.

Rodwin M.A. (2015). Do We Need Stronger Sanctions to Ensure Legal Compliance by Pharmaceutical Firms?, *Food and Drug Law Journal*, 70, 435-450.

Romão N. (2016). Farmacovigilância : Qual a perceção da Indústria Farmacêutica em relação à Farmacovigilância. Disponível em http://www.ordemfarmaceuticos.pt/xFiles/scContentDeployer_pt/docs/Docs800.pdf

Rothwell R., S. Fonseca, L. Ribeiro, L. Silva, M. Queiroz, A. Brandão e L. Agrelos (2014). Comparação da Eficácia entre Bevacizumab e Ranibizumab no Edema Macular Associado à Oclusão Venosa da Retina, *Oftalmologia*, 38(1), 1-6.

Royal College Of Paediatrics And Child Health (2010). The Use of Unlicensed Medicines or Licensed Medicines for Unlicensed Applications in Paediatric Practice. Disponível em http://www.resources.nes.scot.nhs.uk/paediatrics/Key%20documents/UNLICENCED.PDF

Santoro A., G. Genov, A. Spooner, J. Raine, P. Arlett (2017). Promoting and Protecting Public Health: How the European, Union Pharmacovigilance System Works, *Drug Safety*, 40, 855–869.

Seuba Torreblanca J.C., S. Ramos González, J. Piñeiro Salguero, A. Rubí Puig, V. M. Sánchez Álvarez e M. Camí Campamà (2003). Guía InDret de Jurisprudencia Española sobre Responsabilidad Civil por Productos Defectuosos, *InDret*, 1, Disponível em https://www.raco.cat/index.php/InDret/article/view/81170/105658

Shifton M.D. (2002), The Restatement (Third) of Torts: Products Liability – The ALI's Cure for Prescription Drug Design Liability, *Fordham Urban Law Journal*, 29, 2343-2346.

Shrank W. e J. Avorn (2007). Educating Patients About their Medications: The Potential and Limitations of Written Drug Information, *Health Affairs*, 26(3), 731-740.

Silva J.C. (1999). *Responsabilidade Civil do Produtor*. Almedina: Coimbra.

Silveira D.M. (2010). Responsabilidade Civil por Danos Causados por Medicamentos Defeituoso. Coimbra: Coimbra Editora.

Smillie L.R., M. Eccleston-Turner e S.L. Cooper (2018). C-621/15 – W and Others v Sanofi Pasteur: An Example of Judicial Distortion and Indifference to Science, *Medical Law Review*, 26(1), 134-145.

Spillane A.F. (2011). Negligence Liability›s Role in Changing Pharmacotherapy Responsibilities, *Marquette Elder's Advisor*, 12(2), 6, 453-513

STAFFORD R.S. (2008). Regulating Off-Label Drug Use – Rethinking the Role of the FDA, *New England Journal of Medicine*, 358(14),1427-1429.

STROM B.L. (2006). How the US Drug Safety System Should Be Changed, *JAMA*, 295(17), 2072-2075

TAFURI G., F. Trotta, H.G.M. Leufkens e L. Pani (2013). Disclosure of Grounds of European Withdrawn and Refused Applications: A Step Forward on Regulatory Transparency, *British Journal of Clinical Pharmacology*, 75(4), 1149–1151.

THE CATT RESEARCH GROUP (2011). Ranibizumab and Bevacizumab for Neovascular Age-Related Macular Degeneration, *New England Journal of Medicine*, 364, 1897.

THORNTON R.G. (2003). The Learned Intermediary Doctrine and its Effects on Prescribing Physicians, Proceedings, 16(3), 359–361.

TIWARY D. (2003). Off-Label Use of Prescription Drugs should be Regulated by the FDA, Harvard Law School- Disponível em https://dash.harvard.edu/bitstream/handle/1/8852151/FDLI_FDA_off_label_regulation.pdf?sequence=1

TORJESEN I. (2015). Drug Shortages: It's Time for Europe to Act, *The Pharmaceutical Journal*. Disponível em http://www.pharmaceutical-journal.com/news-and-analysis/features/drug-shortages-its-time-for-europe-to-act/20067701.article

TOWNSEND P. (2006). Developing a Database to Manage Use of Unlicensed Medicines, *The Pharmaceutical Journal*. Disponível em https://www.pharmaceutical-journal.com/news-and-analysis/developing-a-database-to-manage-use-of-unlicensed-medicines/10006972.article

TUBACH F., V. Lamarque-Garnier, A. Castot et the participants of Round Table Nº 5 of Giens XXVI (2011). Role of the Post-Marketing Authorisation Studies in Drug Risk Surveillance: Specifications and Methodologies, *Therapie*, 66(4), 355-362.

TUFFS CENTER (2014). Cost to Develop and Win Marketing Approval for a New Drug Is $2.6 Billion. Disponível em http://csdd.tufts.edu/news/complete_story/pr_tufts_csdd_2014_cost_study

UEFFING M. (2013). Directive 85/374 – European Victory or a Defective Product Itself?, *Europeanisation of Private Law*, 4, 373-424.

VALLANO A., G. Cereza, C. Pedròs, A. Agustí, I. Danés, C. Aguilera e J.M. Arnau (2005). Obstacles and Solutions for Spontaneous Reporting of Adverse Drug Reactions in the Hospital, *British Journal of Clinical Pharmacology*, 60, 653–658.

VAN NORMAN G. (2016). Drugs and Devices: Comparison of European and U.S. Approval Processes, *JACC: Basic to Translational Science*, 1(5), 399-412.

Vázquez López J.E. (2013). Responsabilidad Sanitaria y Patrimonial en Relación a los Efectos Secundarios de un Medicamento. Breve Apunte Sobre el Llamado "Caso Agreal". Reseña de Algunas Sentencias de Interés. La Necesidad de Nexo Causal, y la Importancia de la Prueba Pericial, *Cuadernos de Medicina Forense*, 19(3-4), 127-130.

Ventola C.L. (2011). Direct-to-Consumer Pharmaceutical Advertising: Therapeutic or Toxic?, *Pharmacy and Therapeutics*, 36(10), 669-684.

Vrueh R., E.R.F. Baekelandt e J.M.H. Haan (2013). Background Paper 6.19 Rare Diseases. Disponível em http://www.who.int/medicines/areas/priority_medicines/BP6_19Rare.pdf

Weynants L. e C. Schoonderbeek (2010). Use and Promotion in the EU: Risks and Potential Liability, *Regulatory Affairs*, 7-12.

WHO (World Health Organization) (2003). Adherence to Long-Term Therapies: Evidence for Action. Disponível em http://www.who.int/chp/knowledge/publications/adherence_report/en/

WHO, (World Health Organization) (1972). International Drug Monitoring: The Role of National Centres, *Technical Report Series WHO*, 498, 1-25.

WHO (World Health Organization) (2002). The Global Advisory Committee on Vaccine Safety Rejects Association Between Hepatitis B Vaccination and Multiple Sclerosis (MS). Disponível em http://www.who.int/vaccine_safety/committee/topics/hepatitisb/ms/en/

WHO (World Health Organization) (2014). Ethical Considerations for Use of Unregistered Interventions for Ebola Viral Diseases: Report of an Advisory Panel to WHO. Geneva: World Health Organization. Disponível em from: http://www.who.int/mediacentre/news/statement/ 2014/ebola-ethical-review-summary/en/

Williamson S. (2003). Compensation for Infected Blood Products: A and Others v National Blood Authority and Another, *Electronic Journal of Comparative Law*, 7.5, Disponível em http://www.ejcl.org/ejcl/75/art75-5.html

Working Group Of Nsw Tag Inc (2003). Off-label Use of Registered Medicines and Use of Medicines under the Personal Importation Scheme in NSW Public Hospitals: A Discussion Paper. Disponível em http://www.ciap.health.nsw.gov.au/nswtag/documents/publications/other-docs/off-label-use-sept-2003.pdf

Wu H. e G. Wu (2014). Strategy to Address Innovative Off-label Medication use in China, *European Journal Clinical Pharmacology*, 70, 1271-1273.

INDICE

Breve nota introdutória 5

Prefácio 9

Lista De Abreviaturas 11

PARTE I. MEDICAMENTOS, RISCO E SEGURANÇA 15

CAPÍTULO 1. O COMPLEXO MUNDO DOS MEDICAMENTOS 17
1.1. A definição do conceito de medicamento 17
1.2. Os medicamentos como produtos *sui generis* 19
1.3. Os perigos incluídos nos medicamentos 20

PARTE II. O PROCESSO DE APROVAÇÃO DE MEDICAMENTOS 23

CAPÍTULO 2. O RIGOROSO PROCESSO DE APROVAÇÃO DE UM MEDICAMENTO 25

CAPÍTULO 3. OS PROCEDIMENTOS DE APROVAÇÃO DE MEDICAMENTOS EXISTENTES NA UE 29
3.1. A intervenção da UE no sector da saúde 29
3.2. Os processos de concessão de AIM reconhecidos pelo direito europeu 31

CAPÍTULO 4. SERÁ O PROCESSO DE APROVAÇÃO DE MEDICAMENTOS SUFICIENTEMENTE EXIGENTE? 33

4.1. O princípio da precaução 34
4.2. As limitações dos ensaios clínicos 35
4.3. A escassez de medicamentos disponíveis no mercado 36

CAPÍTULO 5. NOVAS SOLUÇÕES PARA O PROCESSO DE APROVAÇÃO DE MEDICAMENTOS 39
5.1. Acesso antecipado aos medicamentos 40
5.2. Mecanismos mais céleres de autorização de medicamentos 42
5.3. Uma diferente análise risco-benefício 43

PARTE III. FARMACOVIGILÂNCIA E REACÇÕES ADVERSAS 47

CAPÍTULO 6. REACÇÃO ADVERSA 49

CAPÍTULO 7. FARMACOVIGILÂNCIA 51
7.1. Definição de farmacovigilância 51
7.2. O regime europeu de farmacovigilância 55

PARTE IV. O MEDICAMENTO COMO PRODUTO DEFEITUOSO 59

CAPÍTULO 8. UM REGIME EUROPEU DE RESPONSABILIDADE POR PRODUTOS DEFEITUOSOS 61
8.1. A aplicação do regime geral de responsabilidade do produtor 61
8.2. A aplicação de um regime de responsabilidade objectiva 62
8.3. Limitações do regime plasmado na Directiva 85/374 63
8.4. Uniformização da responsabilidade do produtor 64

CAPÍTULO 9. O MEDICAMENTO COMO PRODUTO DEFEITUOSO À LUZ DA DIRECTIVA 85/374 67
9.1. O defeito como ausência de segurança 67
9.2. Tipos de defeitos abarcados pela Directiva 85/374 68
9.3. A existência de uma AIM e a noção de defeito do medicamento 70
9.4. As expectativas do consumidor 71

CAPÍTULO 10. A CAUSALIDADE NO ÂMBITO DA RESPONSABILIDADE OBJECTIVA DO PRODUTOR 75
10.1. Prova do nexo causal 75
10.2. O relevo das provas científicas na avaliação da causalidade 78
10.3. Identificação do medicamento que originou o dano 79

CAPÍTULO 11. FACTORES EXCLUDENTES DA RESPONSABILIDADE DA EMPRESA FARMACÊUTICA 83
11.1. O Artigo 7 da Directiva 85/374 83
11.1.1. Produto fora do circuito comercial 84
11.1.2. Defeito de ocorrência superveniente 85
11.1.3. Produto não fabricado por actividade professional ou lucrativa 85
11.1.4. Respeito por normas de cumprimento obrigatório 85
11.1.5. Riscos de desenvolvimento 86
11.2. A existência de uma AIM como factor excludente da responsabilidade do produtor 87
11.3. A conduta do paciente ou de terceiros como factor excludente da responsabilidade do produtor 88

CAPÍTULO 12. INFORMAÇÃO DO PRODUTO E DEFEITO DE INFORMAÇÃO 91
12.1. Informação a providenciar pela empresa farmacêutica 91
12.1.1. O conteúdo da informação a providenciar 91
12.1.2. Informação relativa aos riscos 93
12.1.3. Informação versus publicidade 98
12.1.3.1. A dificuldade da distinção 98
12.1.3.2. A informação a providenciar por via da publicidade ao medicamento 100
12.2. Informação a providenciar pelo médico 105
12.3. Informação a providenciar pelo farmacêutico 109
12.4. O comportamento do consumidor-paciente face à informação providenciada 112
12.4.1. O dever do paciente cumprir as instruções fornecidas 112
12.4.2. O comportamento do paciente face aos riscos do medicamento 113

CAPÍTULO 13. OS RISCOS DE DESENVOLVIMENTO 115
13.1. Definição de riscos de desenvolvimento 115
13.2. Responsabilidade por riscos de desenvolvimento 118

CAPÍTULO 14. EXIGIRÁ A DIRECTIVA 85/374 UMA DILIGÊNCIA IMPOSSÍVEL? 121
14.1. O grau de diligência exigido pela decisão *A and Others v National Blood Authority and Another* 121

14.2. A aplicação deste grau de exigência aos danos causados por medicamentos 122

PARTE V. RESPONSABILIDADES ASSOCIADAS A DANOS CAUSADOS POR MEDICAMENTOS 125

CAPÍTULO 15. A RESPONSABILIDADE DO MÉDICO PRESCRITOR POR DANOS CAUSADOS POR MEDICAMENTOS 127
15.1. Omissão de informação acerca do medicamento 127
15.2. Erros na dose do medicamento 128
15.3. Erros na escolha do medicamento 129
15.4. Uso de medicamentos aos quais o paciente é alérgico 130
15.5. Omissão de *follow up* 131

CAPÍTULO 16. A RESPONSABILIDADE DO FARMACÊUTICO QUE DISPONIBILIZA O MEDICAMENTO POR DANOS POR ESTE CAUSADOS 133
16.1. A teoria da não responsabilização do farmacêutico 133
16.2. A teoria da responsabilização do farmacêutico 134

CAPÍTULO 17. A RESPONSABILIDADE DA ENTIDADE QUE CONCEDE A AIM POR DANOS CAUSADOS PELO MEDICAMENTO 137

CAPÍTULO 18. ANÁLISE RISCO /BENEFÍCIO 141

PARTE VI. NANOMEDICAMENTOS 145

CAPÍTULO 19. NANOMEDICAMENTOS E NANOMEDICINA 147
19.1. Nanomateriais e nanomedicina 147
19.2. Riscos dos nanomedicamentos 148

PARTE VII. PRESCRIÇÃO OFF-LABEL 151

20. PRESCRIÇÃO OFF-LABEL: BREVES NOTAS EXPLICATIVAS 153

21. ENQUADRAMENTO DA PRESCRIÇÃO OFF-LABEL NO DIREITO EUROPEU 157

22. RAZÕES EXPLICATIVAS DA PRESCRIÇÃO OFF-LABEL 159
22.1. Recusa ou atraso na atribuição da AIM 160
22.2. Decisão empresarial de não requerer a AIM para determinado uso 160
22.2.1. Riscos envolvidos nos ensaios clínicos 161
22.2.2. Reduzida expectativa de lucros 162
22.3. Redução de custos no sector da saúde 163
22.3.1. O custo dos medicamentos 163
22.3.2. Reembolso do custo dos medicamentos usados off-label 164
22.3.3. Considerações económicas na opção entre Avastin e Lucentis 166

CAPÍTULO 23. ALGUMAS CONSIDERAÇÕES SOBRE SAÚDE PÚBLICA E CONSTRANGIMENTOS FINANCEIROS 169
23.1. Prescrição off-label e saúde pública 169
23.2. As experiências europeias no sentido de recorrer ao uso off-label para reduzir custos com a saúde 170
23.3. A prescrição off-label economicamente fundada à luz do direito europeu 176

CAPÍTULO 24. AVALIAÇÃO CRÍTICA DA PRESCRIÇÃO OFF-LABEL 181
24.1. A regra: Aprovação da prescrição off-label e desaprovação de motivações económicas 181
24.2. A excepção: Admissibilidade em casos excepcionais de prescrição off-label economicamente fundada 182

CAPÍTULO 25. RESPONSABILIDADE MÉDICA NA PRESCRIÇÃO OFF-LABEL 185
25.1. Riscos incorridos pelo médico ao prescrever off-label 185
25.2. A decisão de prescrever off-label como um acto médico 187
25.2.1. Avaliação médica do caso concreto 187
25.2.2. Obtenção do consentimento informado do paciente 187

CAPÍTULO 26. RESPONSABILIDADE DA EMPRESA FARMACÊUTICA PELOS DANOS OCORRIDOS NA PRESCRIÇÃO OFF-LABEL 191

CAPÍTULO 27. MEDIDAS PARA REGULAR E CONTROLAR A PRESCRIÇÃO OFF-LABEL 193

27.1. Base científica suficiente 195
27.2. Consentimento informado do paciente 197
27.3. Incentivos à indústria farmacêutica 198
27.4. Agravamento das sanções aplicadas às empresas farmacêuticas 199
27.5. Recolha de informações sobre os usos off-label 200
27.6. Supervisão e controlo das prescrições off-label 201
27.7. Redução dos casos de prescrição off-label 202

CAPÍTULO 28. A PROMOÇÃO OFF-LABEL 203

PARTE VIII. CONCLUSÕES 205

CAPÍTULO 29. CONSIDERAÇÕES FINAIS 207

REFERÊNCIAS BIBLIOGRÁFICAS 209